中华人民共和国行业标准

公路路线设计规范

Design Specification for Highway Alignment

JTG D20—2017

主编单位：中交第一公路勘察设计研究院有限公司
批准部门：中华人民共和国交通运输部
实施日期：2018 年 01 月 01 日

人民交通出版社股份有限公司

律师声明

本书所有文字、数据、图像、版式设计、插图等均受中华人民共和国宪法和著作权法保护。未经人民交通出版社股份有限公司同意，任何单位、组织、个人不得以任何方式对本作品进行全部或局部的复制、转载、出版或变相出版。

本书封面贴有配数字资源的正版图书二维码，扉页前加印有人民交通出版社股份有限公司专用防伪纸。任何侵犯本书权益的行为，人民交通出版社股份有限公司将依法追究其法律责任。

有奖举报电话：(010) 85285150

北京市星河律师事务所
2020 年 6 月 30 日

图书在版编目（CIP）数据

公路路线设计规范：JTG D20—2017 / 中交第一公路勘察设计研究院有限公司主编. — 北京：人民交通出版社股份有限公司，2017.12
ISBN 978-7-114-14301-4

Ⅰ.①公… Ⅱ.①中… Ⅲ.①公路线形—线形设计—设计规范—中国 Ⅳ.①U412.3-65

中国版本图书馆 CIP 数据核字（2017）第 271493 号

标准类型：	中华人民共和国行业标准
标准名称：	公路路线设计规范
标准编号：	JTG D20—2017
主编单位：	中交第一公路勘察设计研究院有限公司
责任编辑：	吴有铭　李　沛
出版发行：	人民交通出版社股份有限公司
地　　址：	(100011) 北京市朝阳区安定门外外馆斜街 3 号
网　　址：	http://www.ccpress.com.cn
销售电话：	(010) 59757973
总 经 销：	人民交通出版社股份有限公司发行部
经　　销：	各地新华书店
印　　刷：	北京市密东印刷有限公司
开　　本：	880×1230　1/16
印　　张：	12.75
字　　数：	278 千
版　　次：	2017 年 12 月　第 1 版
印　　次：	2024 年 8 月　第 8 次印刷
书　　号：	ISBN 978-7-114-14301-4
定　　价：	80.00 元

（有印刷、装订质量问题的图书，由本公司负责调换）

中华人民共和国交通运输部

公 告

第 38 号

交通运输部关于发布
《公路路线设计规范》的公告

现发布《公路路线设计规范》(JTG D20—2017),作为公路工程行业标准,自 2018 年 1 月 1 日起施行,原《公路路线设计规范》(JTG D20—2006)同时废止。

《公路路线设计规范》(JTG D20—2017)的管理权和解释权归交通运输部,日常解释和管理工作由主编单位中交第一公路勘察设计研究院有限公司负责。

请各有关单位注意在实践中总结经验,及时将发现的问题和修改建议函告中交第一公路勘察设计研究院有限公司(地址:陕西省西安市科技二路 63 号;邮编:710075),以便修订时研用。

中华人民共和国交通运输部
2017 年 9 月 28 日

交通运输部办公厅　　　　　　　　　　　　　　　　2017 年 10 月 9 日印发

前 言

根据交通运输部厅公路字〔2010〕312号《关于下达2010年度公路工程标准制修订项目计划的通知》要求，中交第一公路勘察设计研究院有限公司主持对《公路路线设计规范》（JTG D20—2006）进行修订，交通运输部公路科学研究院、中交第二公路勘察设计研究院有限公司、山西省交通规划勘察设计院、吉林省交通规划设计院参加。修订工作得到了各省（自治区、直辖市）交通运输厅及相关单位的大力支持和配合。

本次修订依据《公路工程技术标准》（JTG B01—2014），主要修订内容如下：

1. 依据《公路工程技术标准》（JTG B01—2014）相关规定，对公路功能与分级、设计车辆、服务水平、车辆折算系数等进行修订，突出功能在公路设计中的主导作用。

2. 对总体设计章节进行全面修订，突出总体设计全过程、全方位的引领作用。

3. 从安全角度出发，对连续长、陡下坡路段纵坡坡度与坡长提出相应技术指标，并作出增进安全的相关规定。

4. 对公路平面、纵断面、横断面各章节内容进行系统梳理，修订圆曲线加宽、缓和坡段设置、横断面形式与宽度等内容，提出双向十车道以上高速公路横断面设计规定。

5. 进一步明确采用运行速度方法进行设计检验的要求，对交通安全性评价、公路改扩建、应急救援等内容进行修订完善。

6. 根据全国公路项目设计与建设的实际需求，新增公路沿线设施章节。对与公路路线设计紧密相关的收费站、服务区、停车区、客运汽车停靠站、U形转弯设施等主要几何指标提出相关规定与设计要求。

7. 修订、完善公路与公路，公路与铁路、乡村道路、管线交叉相关技术指标及设计要求。

修订后的规范分为13章，分别是总则，公路分级与等级选用，公路通行能力，总体设计，选线，公路横断面，公路平面，公路纵断面，线形设计，公路与公路平面交叉，公路与公路立体交叉，公路与铁路、乡村道路、管线交叉，公路沿线设施等。

请各有关单位在执行过程中，将发现的问题和意见，函告中交第一公路勘察设计研究院有限公司（地址：西安市科技二路63号；邮编：710075；联系人：郭腾峰，电话：029-88322888；E-mail：guotf@ccroad.com.cn），以便下次修订时参考。

主 编 单 位：中交第一公路勘察设计研究院有限公司
参 编 单 位：交通运输部公路科学研究院

中交第二公路勘察设计研究院有限公司
山西省交通规划勘察设计院
吉林省交通规划设计院

主　　　编：汪双杰
主要参编人员：郭腾峰　罗满良　周荣贵　霍　明　聂承凯　王　佐
　　　　　　　吴明先　廖朝华　刘建蓓　冯自贤　胡　珊

目　次

1 总则 ··· 1
2 公路分级与等级选用 ·· 3
  2.1 公路功能与分级 ·· 3
  2.2 公路技术等级与设计速度选用 ··· 4
  2.3 控制出入 ·· 5
3 公路通行能力 ·· 7
  3.1 一般规定 ·· 7
  3.2 服务水平 ·· 8
  3.3 设计小时交通量 ··· 9
  3.4 高速公路、一级公路路段的设计通行能力 ······················ 10
  3.5 互通式立体交叉的通行能力 ·· 12
  3.6 二级公路、三级公路通行能力 ······································ 12
4 总体设计 ·· 14
  4.1 一般规定 ·· 14
  4.2 公路功能与技术标准 ··· 14
  4.3 建设规模与建设方案 ··· 15
  4.4 环境保护与资源节约 ··· 17
  4.5 设计检验与安全评价 ··· 18
5 选线 ··· 19
6 公路横断面 ··· 21
  6.1 一般规定 ·· 21
  6.2 车道 ·· 23
  6.3 中间带 ·· 24
  6.4 路肩 ·· 25
  6.5 路拱坡度 ·· 26
  6.6 公路建筑限界 ··· 27
  6.7 公路用地范围 ··· 30
7 公路平面 ·· 31
  7.1 一般规定 ·· 31
  7.2 直线 ·· 31
  7.3 圆曲线 ·· 31

- 7.4 回旋线 32
- 7.5 圆曲线超高 33
- 7.6 圆曲线加宽 35
- 7.7 四级公路的超高、加宽过渡段 36
- 7.8 平曲线长度 36
- 7.9 视距 37
- 7.10 回头曲线 38

8 公路纵断面 40
- 8.1 一般规定 40
- 8.2 纵坡 40
- 8.3 坡长 42
- 8.4 爬坡车道 43
- 8.5 合成坡度 44
- 8.6 竖曲线 44

9 线形设计 45
- 9.1 一般规定 45
- 9.2 平面线形设计 46
- 9.3 纵面线形设计 48
- 9.4 横断面设计 49
- 9.5 线形组合设计 50
- 9.6 线形与桥、隧的配合 51
- 9.7 线形与沿线设施的配合 51
- 9.8 线形与环境的协调 52

10 公路与公路平面交叉 53
- 10.1 一般规定 53
- 10.2 平面交叉处公路的线形 55
- 10.3 视距 56
- 10.4 转弯设计 58
- 10.5 附加车道及交通岛 58
- 10.6 平面交叉的改建 60

11 公路与公路立体交叉 62
- 11.1 一般规定 62
- 11.2 视距 64
- 11.3 匝道设计 65
- 11.4 基本车道数和车道数的平衡 73
- 11.5 主线的分岔、合流和匝道间的分流、汇流 74
- 11.6 互通式立体交叉中匝道与被交公路间的平面交叉 76

11.7 分离式立体交叉	76
12 公路与铁路、乡村道路、管线交叉	79
12.1 一般规定	79
12.2 公路与铁路立体交叉	79
12.3 公路与铁路平面交叉	81
12.4 公路与乡村道路交叉	82
12.5 公路与管线交叉	84
13 公路沿线设施	86
13.1 一般规定	86
13.2 收费站	86
13.3 服务区、停车区	87
13.4 客运汽车停靠站	89
13.5 高速公路上的U形转弯设施	90
本规范用词用语说明	92
附件 《公路路线设计规范》（JTG D20—2017）条文说明	93
1 总则	95
2 公路分级与等级选用	98
3 公路通行能力	109
4 总体设计	116
5 选线	120
6 公路横断面	123
7 公路平面	135
8 公路纵断面	147
9 线形设计	158
10 公路与公路平面交叉	163
11 公路与公路立体交叉	174
12 公路与铁路、乡村道路、管线交叉	183
13 公路沿线设施	188

1 总则

1.0.1 为指导公路设计，合理确定公路功能、技术等级、建设规模、主要技术指标，制定本规范。

1.0.2 本规范适用于新建和改扩建公路设计。

1.0.3 公路设计应按地区特点、交通特性、路网结构综合分析确定公路功能；应根据公路功能，结合交通量、地形条件等选用技术等级和主要技术指标。

1.0.4 各级公路均应进行总体设计。总体设计应贯穿于公路建设项目从可行性研究到施工图设计全过程的各个阶段，并覆盖公路建设项目的各相关专业。

1.0.5 公路设计应根据公路功能、使用任务及其在公路网中的作用，综合考虑铁路、水路、航空、管道等多种运输方式，以及公路同城镇、农田规划的关系，贯彻综合交通发展要求，合理论证并确定路线走向、走廊带。

1.0.6 路线方案应在所选定走廊带与主要控制点的基础上，进行布局和总体设计，合理运用技术指标。应对可行的路线方案进行比选，确定设计方案。当采用不同的设计速度、技术指标或设计方案对运营安全、工程造价、自然环境、社会经济效益等有明显影响时，应进行同等深度的技术经济论证。

1.0.7 路线线位应根据地形、地物条件，对工程地质、水文地质、气象条件、自然灾害、筑路材料、生态环境、自然景观等进行充分调查，结合沿线区域气候特征研究选定，并选择主要平、纵技术指标。

1.0.8 路线设计必须贯彻执行加强环境保护和合理利用土地资源的基本国策，在确定路基、路面、桥梁、隧道、交叉、交通工程及沿线设施等人工构造物的结构形式、布设位置以及取弃土场、征用土地等设计中，应减少因修建公路给沿线生态环境带来的影响，并结合绿化或采取相应工程措施，协调、改善人工构造物同沿线自然景观的配合，提高公路环境质量。

1.0.9 公路应按设计速度进行路线设计，采用运行速度进行检验，保持线形连续性；应综合协调公路平面、纵断面和横断面三者间的关系，做到平面顺适、纵面均衡、横面合理。

1.0.10 高速公路、一级公路和二级干线公路应在设计时进行交通安全性评价，其他公路有条件时也可进行交通安全性评价。

1.0.11 公路采用分期修建方案时，必须遵循统筹规划、分期实施的原则进行总体设计，应使前期工程在后期仍能充分利用，并为后期工程的修建留有余地和创造有利条件。

1.0.12 公路改扩建时，应对改扩建方案和局部新建方案进行论证比选。采用改扩建方案时，应遵循利用与改造相结合的原则，合理、充分利用原有工程。

1.0.13 公路设计除应符合本规范的规定外，尚应符合国家和行业现行有关标准的规定。

2 公路分级与等级选用

2.1 公路功能与分级

2.1.1 公路按照交通功能分为干线公路、集散公路和支线公路。干线公路分为主要干线公路和次要干线公路，集散公路分为主要集散公路和次要集散公路。

2.1.2 公路根据交通特性及控制干扰的能力分为高速公路、一级公路、二级公路、三级公路及四级公路等五个技术等级。

1 高速公路为专供汽车分方向、分车道行驶，全部控制出入的多车道公路。高速公路的设计交通量宜在 15 000 辆小客车/日以上。

2 一级公路为供汽车分方向、分车道行驶，可根据需要控制出入的多车道公路。一级公路的设计交通量宜在 15 000 辆小客车/日以上。

3 二级公路为供汽车行驶的双车道公路。二级公路的设计交通量宜为 5 000 ~ 15 000 辆小客车/日。

4 三级公路为供汽车、非汽车交通混合行驶的双车道公路。三级公路的设计交通量宜为 2 000 ~ 6 000 辆小客车/日。

5 四级公路为供汽车、非汽车交通混合行驶的双车道或单车道公路。双车道四级公路设计交通量宜在 2 000 辆小客车/日以下；单车道四级公路设计交通量宜在 400 辆小客车/日以下。

2.1.3 公路路线与路线交叉几何设计所采用的设计车辆应根据公路功能、车辆组成等因素选用，其外廓尺寸如表 2.1.3 所示，并应符合下列规定：

1 干线公路和主要集散公路应满足所有设计车辆的通行要求。
2 次要集散公路应满足小客车、载重汽车和大型客车的通行要求。
3 支线公路应满足小客车和大型客车的通行要求。
4 有特殊通行要求的公路，其设计车辆可论证确定。

表 2.1.3　设计车辆外廓尺寸

车辆类型	总长（m）	总宽（m）	总高（m）	前悬（m）	轴距（m）	后悬（m）
小客车	6	1.8	2	0.8	3.8	1.4
大型客车	13.7	2.55	4	2.6	6.5 + 1.5	3.1

续表 2.1.3

车辆类型	总长（m）	总宽（m）	总高（m）	前悬（m）	轴距（m）	后悬（m）
铰接客车	18	2.5	4	1.7	5.8 + 6.7	3.8
载重汽车	12	2.5	4	1.5	6.5	4
铰接列车	18.1	2.55	4	1.5	3.3 + 11	2.3

注：铰接列车的轴距"3.3 + 11"中的"3.3m"为第一轴至铰接点的距离，"11m"为铰接点至最后轴的距离。

2.1.4 各级公路的设计速度应符合表 2.1.4 的规定。

表 2.1.4 设 计 速 度

公路技术等级	高速公路			一级公路			二级公路		三级公路		四级公路	
设计速度（km/h）	120	100	80	100	80	60	80	60	40	30	30	20

2.2 公路技术等级与设计速度选用

2.2.1 公路设计交通量预测应符合下列规定：

1 高速公路和一级公路设计交通量预测年限为 20 年；二级公路、三级公路设计交通量预测年限为 15 年；四级公路可根据实际情况确定。

2 设计交通量预测年限的起算年为该项目的计划通车年。

3 设计交通量的预测应充分考虑走廊带范围内远期社会、经济的发展规划和综合运输体系的影响。

2.2.2 公路技术等级选用应在论证确定公路功能的基础上，结合项目所在地区的综合运输体系、远景发展规划及设计交通量论证确定，并应遵循下列原则：

1 主要干线公路作为公路网中结构层次最高的主通道，应选用高速公路。

2 次要干线公路作为主要干线公路的补充，应选用二级及二级以上公路。

1）设计交通量达到 15 000 辆小客车/日时，宜选用一级及一级以上公路。

2）设计交通量达到 10 000 辆小客车/日时，且沿线纵横向干扰较大，宜选用一级公路。

3）设计交通量低于 10 000 辆小客车/日时，可选用二级公路；当货车混入率较高时，宜间隔设置超车车道，减小纵向干扰。

3 主要集散公路连接干线公路与支线公路，宜选用一级公路、二级公路。

1）设计交通量达到 15 000 辆小客车/日时，可选用一级公路。

2）设计交通量在 5 000～15 000 辆小客车/日时，可选用二级公路；设计交通量达到 10 000 辆小客车/日，且沿线纵横向干扰较大时，宜选用一级公路。

3）设计交通量低于 5 000 辆小客车/日时，宜选用二级公路。

4 次要集散公路服务于县乡区域交通，宜选用二级公路、三级公路。

1）设计交通量达到 5 000 辆小客车/日时，宜选用二级公路。
　　2）设计交通量低于 5 000 辆小客车/日时，宜选用三级公路。
　5　支线公路宜选用三级公路、四级公路。当设计交通量达到 5 000 辆小客车/日时，宜选用二级公路。
　6　当既有公路不能满足功能需要时，应结合公路网发展规划，有计划地进行改建。

2.2.3　设计速度的选用应根据公路功能与技术等级，结合地形、工程经济、预期运行速度和沿线土地利用性质等因素综合论证确定，并应符合下列规定：

　1　高速公路设计速度不宜低于 100km/h，受地形、地质等条件限制时，可选用 80km/h。

　2　作为干线的一级公路，设计速度宜采用 100km/h；受地形、地质等条件限制时，可采用 80km/h。作为集散的一级公路，设计速度宜采用 80km/h；受地形、地质等条件限制时，可采用 60km/h。

　3　高速公路和作为干线的一级公路的局部特殊困难路段，且因新建工程可能诱发工程地质病害时，经论证，该局部路段的设计速度可采用 60km/h，但长度不宜大于 15km，或仅限于相邻两互通式立体交叉之间的路段。

　4　作为干线的二级公路，设计速度宜采用 80km/h；受地形、地质等条件限制时，可采用 60km/h。作为集散的二级公路，设计速度宜采用 60km/h；受地形、地质等条件限制时，可采用 40km/h。

　5　三级公路设计速度宜采用 40km/h；受地形、地质等条件限制时，可采用 30km/h。

　6　四级公路设计速度宜采用 30km/h；受地形、地质等条件限制时，可采用 20km/h。

2.2.4　同一公路项目可分段选用不同的技术等级。同一技术等级可分段选用不同的设计速度。不同技术等级、不同设计速度的设计路段之间应选择合理的衔接位置或地点，过渡应顺适，衔接应协调。

2.2.5　采用运行速度检验时，相邻路段运行速度之差应小于 20km/h，同一路段设计速度与运行速度之差宜小于 20km/h。

2.2.6　公路限制速度应根据设计速度、运行速度及路侧干扰与环境等因素综合论证确定。

2.3　控制出入

2.3.1　高速公路应为全部控制出入的公路，只对所选定的被交公路、城市道路或高速公路的服务设施提供出入连接；在同公路、城市道路、乡村道路、铁路、管线等相交处必须设置立体交叉；必须设置隔离设施以防止行人、车辆、牲畜等进入。

2.3.2 一级公路控制出入应符合下列规定：
1 一级公路作为次要干线公路时，应实施部分控制出入。
2 一级公路作为集散公路时，应实施接入管理，合理控制出入口的位置、数量和形式。

2.3.3 采用控制出入措施时，设置隔离设施应符合下列规定：
1 下列位置隔离设施可采用禁入栅栏、绿篱等多种形式：
1) 控制出入路段两侧公路用地边界处；
2) 互通式立体交叉、服务区、停车场、客运汽车停靠站等设施的边界处；
3) 一级公路设置慢车道时，行车道同慢车道的分隔处；
4) 一级公路需控制出入路段的平面交叉，自交叉处向被交公路方向延伸各150m；
5) 控制出入路段有特殊要求的位置。
2 车辆、行人、牲畜等不易进入的路段可不设隔离设施。
3 禁入栅栏端部与出入口设计应符合下列规定：
1) 由于地形或构造方面的原因，禁入栅栏不必连续设置的地点可作为禁入栅栏的端部，应设计成不能进出的形式。
2) 由于维修、管理等方面的需要，应在禁入栅栏的适当位置设置供人员进出的出入口。

2.3.4 紧急出口的设置应符合下列规定：
1 控制出入的公路，宜在能提供紧急救援、消防、医疗等条件的地点就地设置紧急出口。
2 紧急出口的位置应设在通视良好、与外部公路连接方便的地点。
3 紧急出口外部相连接公路宜为三级及三级以上公路。

3 公路通行能力

3.1 一般规定

3.1.1 公路设计应进行通行能力和服务水平的分析与评价，使服务水平保持协调均衡，并应符合下列规定：

1 高速公路、一级公路的路段和互通式立体交叉的匝道、分合流区段、交织区及收费站等设施必须进行通行能力和服务水平的分析与评价。

2 二级公路、三级公路的路段和一级公路、二级干线公路的平面交叉，应进行通行能力和服务水平的分析与评价。

3 二级集散公路、三级公路的平面交叉，宜进行通行能力和服务水平的分析与评价。

3.1.2 高速公路、一级公路的通行能力和服务水平分析评价应分方向进行，二级公路、三级公路应按双向整体交通流进行。三级及三级以上公路的连续上坡路段，应单独进行通行能力和服务水平的分析与评价。

3.1.3 公路汽车代表车型分类应符合表 3.1.3 的规定。

表 3.1.3 汽车代表车型分类

汽车代表车型	说　明
小客车	座位≤19 座的客车和载质量≤2t 的货车
中型车	座位＞19 座的客车和 2t＜载质量≤7t 的货车
大型车	7t＜载质量≤20t 的货车
汽车列车	载质量＞20t 的货车

3.1.4 交通量换算的标准车型应采用小客车。非汽车交通的交通量换算应符合下列规定：

1 公路上行驶的拖拉机每辆折算为 4 辆小客车。

2 被交支路车辆、路侧停车、畜力车、人力车、自行车等非机动车，街道化程度等影响因素按路侧干扰因素计，路侧干扰等级应符合表 3.1.4 的规定。

表3.1.4 路侧干扰等级

路侧干扰等级		典型状况描述
1	轻微干扰	公路条件符合标准、交通状况基本正常、各类路侧干扰因素很少
2	较轻干扰	公路设施两侧为农田、有少量自行车、行人出行或横穿公路
3	中等干扰	公路穿过村镇或路侧偶有停车，被交支路有少量车辆出入
4	严重干扰	公路交通流中有较多的非机动车混合行驶
5	非常严重干扰	路侧设有集市、摊位，交通管理或交通秩序很差

3.2 服务水平

3.2.1 公路设计服务水平应根据公路功能、技术等级、地形条件等合理选用，并不低于表3.2.1的规定。承担集散功能的一级公路或路段，设计服务水平可降低一级。公路长隧道及特长隧道路段、非机动车及行人密集路段、条件受限的互通式立体交叉匝道、分合流及交织区段，设计服务水平也可降低一级。

表3.2.1 各级公路设计服务水平

公路技术等级	高速公路	一级公路	二级公路	三级公路	四级公路
服务水平	三级	三级	四级	四级	—

3.2.2 各级公路的服务水平分级与服务交通量应符合表3.2.2-1～表3.2.2-3的规定。

表3.2.2-1 高速公路路段服务水平分级

服务水平	v/C值	设计速度（km/h）		
		120	100	80
		最大服务交通量 [pcu/(h·ln)]	最大服务交通量 [pcu/(h·ln)]	最大服务交通量 [pcu/(h·ln)]
一	$v/C \leq 0.35$	750	730	700
二	$0.35 < v/C \leq 0.55$	1 200	1 150	1 100
三	$0.55 < v/C \leq 0.75$	1 650	1 600	1 500
四	$0.75 < v/C \leq 0.90$	1 980	1 850	1 800
五	$0.90 < v/C \leq 1.00$	2 200	2 100	2 000
六	$v/C > 1.00$	0～2 200	0～2 100	0～2 000

注：v/C是在基准条件下，最大服务交通量与基准通行能力之比。基准通行能力是五级服务水平条件下对应的最大服务交通量。

表 3.2.2-2 一级公路路段服务水平分级

服务水平	v/C 值	设计速度（km/h）		
		100	80	60
		最大服务交通量 [pcu/(h·ln)]	最大服务交通量 [pcu/(h·ln)]	最大服务交通量 [pcu/(h·ln)]
一	v/C≤0.3	600	550	480
二	0.3 < v/C≤0.5	1 000	900	800
三	0.5 < v/C≤0.7	1 400	1 250	1 100
四	0.7 < v/C≤0.9	1 800	1 600	1 450
五	0.9 < v/C≤1.0	2 000	1 800	1 600
六	v/C > 1.0	0 ~ 2 000	0 ~ 1 800	0 ~ 1 600

表 3.2.2-3 二级、三级公路路段服务水平分级

服务水平	延误率（%）	设计速度（km/h）									
		80				60				≤40		
		速度（km/h）	v/C			速度（km/h）	v/C			速度（km/h）	v/C		
			禁止超车区（%）				禁止超车区（%）				禁止超车区（%）		
			<30	30~70	≥70		<30	30~70	≥70		<30	30~70	≥70
一	≤35	≥76	0.15	0.13	0.12	≥58	0.15	0.13	0.11		0.14	0.12	0.10
二	≤50	≥72	0.27	0.24	0.22	≥56	0.26	0.22	0.20		0.25	0.19	0.15
三	≤65	≥67	0.40	0.34	0.31	≥54	0.38	0.32	0.28		0.37	0.25	0.20
四	≤80	≥58	0.64	0.60	0.57	≥48	0.58	0.48	0.43		0.54	0.42	0.35
五	≤90	≥48	1.00	1.00	1.00	≥40	1.00	1.00	1.00		1.00	1.00	1.00
六	>90	<48	—	—	—	<40	—	—	—		—	—	—

注：延误率为车头时距小于或等于5s的车辆数占总交通量的百分比。

3.3 设计小时交通量

3.3.1 公路设计小时交通量宜采用年第30位小时交通量，也可根据当地公路小时交通量的变化特征，采用年第20~40位小时之间最为经济合理时位的交通量。

3.3.2 高速公路、一级公路的设计小时交通量（DDHV）应按式（3.3.2）计算：

$$DDHV = AADT \times D \times K \quad (3.3.2)$$

式中：$DDHV$——单向设计小时交通量（veh/h）；

$AADT$——预测年度的年平均日交通量（veh/d）；

D——方向不均匀系数（%），宜取50%~60%，也可根据当地交通量观测资料确定；

K——设计小时交通量系数（%），为选定时位的小时交通量与年平均日交通量的比值。

3.3.3 二级公路、三级公路设计小时交通量（DHV）应按式（3.3.3）计算：

$$DHV = AADT \times K \tag{3.3.3}$$

式中：DHV——设计小时交通量（veh/h）；

$AADT$——预测年度的年平均日交通量（veh/d）；

K——设计小时交通量系数（%），为选定时位的小时交通量与年平均日交通量的比值。

3.3.4 新建公路的设计小时交通量系数可参照公路功能、交通量、地区气候、地形等条件相似的公路观测数据确定，缺乏观测数据地区可参照表3.3.4取值。改扩建公路的设计小时交通量系数宜结合既有公路的观测数据综合确定。

表3.3.4 各地区的设计小时交通量系数

地区		华北 京、津、冀、晋、蒙	东北 辽、吉、黑	华东 沪、苏、浙、皖、闽、赣、鲁	中南 豫、湘、鄂、粤、桂、琼	西南 川、滇、黔、藏、渝	西北 陕、甘、青、宁、新
近郊	高速公路（%）	8.0	9.5	8.5	8.5	9.0	9.5
	一级公路（%）	9.5	11.0	10.0	10.0	10.5	11.0
	二级公路、三级公路（%）	11.5	13.5	12.0	12.5	13.0	13.5
城间	高速公路（%）	12.0	13.5	12.5	12.5	13.0	13.5
	一级公路（%）	13.5	15.0	14.0	14.0	14.5	15.0
	二级公路、三级公路（%）	15.5	17.5	16.0	16.5	17.0	17.5

3.4 高速公路、一级公路路段的设计通行能力

3.4.1 高速公路、一级公路一条车道设计服务水平下的最大服务交通量应符合表3.4.1-1和表3.4.1-2的规定。

表3.4.1-1 高速公路一条车道设计服务水平下的最大服务交通量

设计速度（km/h）	120	100	80
二级服务水平的最大服务交通量［pcu/(h·ln)］	1 200	1 150	1 100
三级服务水平的最大服务交通量［pcu/(h·ln)］	1 650	1 600	1 500

表 3.4.1-2　一级公路一条车道设计服务水平下的最大服务交通量

设计速度（km/h）	100	80	60
三级服务水平的最大服务交通量 [pcu/（h·ln）]	1 400	1 250	1 100
四级服务水平的最大服务交通量 [pcu/（h·ln）]	1 800	1 600	1 450

3.4.2　高速公路、一级公路路段的设计通行能力应按式（3.4.2-1）计算：

$$C_d = MSF_i \times f_{HV} \times f_p \times f_f \quad (3.4.2\text{-}1)$$

式中：C_d——设计通行能力 [veh/（h·ln）]；

MSF_i——设计服务水平下的最大服务交通量 [pcu/（h·ln）]；

f_{HV}——交通组成修正系数，按式（3.4.2-2）计算；

$$f_{HV} = \frac{1}{1 + \sum P_i(E_i - 1)} \quad (3.4.2\text{-}2)$$

P_i——车型 i 的交通量占总交通量的百分比；

f_f——路侧干扰修正系数，高速公路取 1.0，一级公路路侧干扰等级可按表 3.1.4 确定，路侧干扰修正系数可按表 3.4.2-1 选用；

E_i——车型 i 的车辆折算系数，按表 3.4.2-2 选取；

f_p——驾驶人总体特征修正系数，通过调查确定，通常在 0.95～1.00 之间。

表 3.4.2-1　路侧干扰修正系数

路侧干扰等级	1	2	3	4	5
修正系数	0.98	0.95	0.90	0.85	0.80

表 3.4.2-2　高速公路、一级公路路段车辆折算系数

汽车代表车型	交通量 [pcu/（h·ln）]	设计速度（km/h）		
		120	100	≤80
中型车	≤800	1.5	1.5	2.0
	800～1 200	2.0	2.5	3.0
	1 200～1 600	2.5	3.0	4.0
	>1 600	1.5	2.0	2.5
大型车	≤800	2.0	2.5	3.0
	800～1 200	3.5	4.0	5.0
	1 200～1 600	4.5	5.0	6.0
	>1 600	2.5	3.0	4.0
汽车列车	≤800	3.0	4.0	5.0
	800～1 200	4.5	5.0	7.0
	1 200～1 600	6.0	7.0	9.0
	>1 600	3.5	4.5	6.0

3.5 互通式立体交叉的通行能力

3.5.1 互通式立体交叉匝道、分合流区和交织区的通行能力应分别计算确定。

3.5.2 互通式立体交叉设置收费站时，其匝道通行能力应根据该收费站的通行能力确定；不设收费站时，应根据匝道与被交公路连接处的平面交叉的通行能力确定。

3.5.3 互通式立体交叉分合流区的通行能力应根据设计速度、主线外侧两车道流量、匝道流量、变速车道长度等因素确定。

3.5.4 互通式立体交叉交织区的通行能力应根据设计速度、车道数、交织区构型、交织流量比和交织段长度等因素确定。

3.6 二级公路、三级公路通行能力

3.6.1 二级公路、三级公路设计服务水平下的最大服务交通量应按表3.6.1选用。

表3.6.1 二级公路、三级公路设计服务水平下的最大服务交通量

公路技术等级	设计速度（km/h）	基准通行能力（pcu/h）	不准超车区比例（%）	v/C	设计服务水平下的最大服务交通量（pcu/h）
二级公路	80	2 800	<30	0.64	1 800
	60	1 400	30~70	0.48	650
	40	1 300	>70	0.35	450
三级公路	40	1 300	<30	0.54	700
	30	1 200	>70	0.35	400

注：表内未列出的二级、三级公路其他不准超车区比例的情况，设计服务水平下的最大服务交通量应按表3.2.2-3选取 v/C 计算确定。

3.6.2 二级公路、三级公路的设计通行能力应按式（3.6.2）计算：

$$C_d = MSF_i \times f_{HV} \times f_d \times f_w \times f_f \quad (3.6.2)$$

式中：C_d——设计通行能力（veh/h）；

MSF_i——设计服务水平下的最大服务交通量（pcu/h）；

f_{HV}——交通组成修正系数，按式（3.4.2-2）计算，式中车辆折算系数 E_i 按表3.6.2-1取值；

表 3.6.2-1 双车道公路路段内的车辆折算系数

汽车代表车型	交通量（veh/h）	设计速度（km/h）		
		80	60	40
中型车	≤400	2.0	2.0	2.5
	400~900	2.0	2.5	3.0
	900~1 400	2.0	2.5	3.0
	≥1 400	2.0	2.0	2.5
大型车	≤400	2.5	2.5	3.0
	400~900	2.5	3.0	4.0
	900~1 400	3.5	5	7.0
	≥1 400	2.5	3.5	3.5
汽车列车	≤400	2.5	2.5	3.0
	400~900	3.0	3.5	5.0
	900~1 400	4.0	5.0	6.0
	≥1 400	3.5	4.5	5.5

f_d——方向分布修正系数，按表 3.6.2-2 取值；

表 3.6.2-2 方向分布修正系数

方向分布（%）	50/50	55/45	60/40	65/35	70/30
修正系数	1.00	0.97	0.94	0.91	0.88

f_w——车道宽度、路肩宽度修正系数，按表 3.6.2-3 取值；

表 3.6.2-3 车道宽度、路肩宽度修正系数

车道宽度（m）	3.0	3.25	3.5	3.75			
路肩宽度（m）	0	0.5	1.0	1.5	2.5	3.5	≥4.5
修正系数	0.52	0.56	0.84	1.00	1.16	1.32	1.48

f_f——路侧干扰修正系数，按表 3.6.2-4 取值，路侧干扰等级可按表 3.1.4 确定。

表 3.6.2-4 路侧干扰修正系数

路侧干扰等级	1	2	3	4	5
修正系数	0.95	0.85	0.75	0.65	0.55

4 总体设计

4.1 一般规定

4.1.1 总体设计应论证确定公路功能、技术标准、建设规模及建设方案。

4.1.2 总体设计应统一协调路线、路基、桥涵、隧道、路线交叉、交通工程与沿线设施等各专业内、外部的关系，明确相关设计界面和接口，使之成为完整的系统工程，符合安全、环保、可持续发展的总体目标。

4.1.3 总体设计的主要内容应根据公路建设项目特点、条件和技术等级有所差异，应根据项目设计阶段不同而有所侧重。

4.2 公路功能与技术标准

4.2.1 应根据国家和地区路网结构与规划、地区特点、交通特性和建设目标等综合分析公路在公路网中的地位和作用，论证确定公路功能。

4.2.2 应根据公路功能，结合交通量及建设条件综合论证确定公路的技术等级。同一公路项目可根据功能和交通量变化，论证分段采用不同的技术等级。

4.2.3 应根据公路功能、交通组成、车型比例，确定设计车辆。

4.2.4 高速公路和一级公路应根据公路功能、设计交通量，确定公路基本路段的车道数，车道数增加时应按双数增加。

4.2.5 各级公路可根据项目沿线地形、地质与自然条件变化，分段选用设计速度，并应符合下列规定：
    1 同一设计速度的路段长度不宜过短，同一公路中不同设计速度的变化不应频繁。
    2 不同技术等级、不同设计速度路段相互衔接的位置或地点，应选择在大型构造物、互通式立体交叉、平面交叉、沿线主要村镇节点的前后，或路侧环境条件明显变化处。

4.2.6 应根据路段设计速度、沿线地形、地质、环境和交通需求等因素，合理确定路线平纵面、视距、超高、加宽等主要控制指标。

4.2.7 应根据公路技术等级、设计交通量、沿线环境和横断面各组成部分的功能，综合确定公路路基横断面组成及宽度。

4.2.8 改扩建公路应采用改扩建后的公路技术标准和指标，对于利用原有公路的路段，因提高设计速度可能诱发工程地质病害、增加工程造价或对环境保护、文物有不利影响时，经论证该局部路段可维持原设计速度和指标，其长度高速公路不宜大于15km，一级、二级公路不宜大于10km，但不应降低技术等级。

4.3 建设规模与建设方案

4.3.1 应根据公路网规划和公路功能，综合考虑路线走廊带范围的铁路、水路、航空、管道等综合交通运输体系的布局与规划，城市、工矿企业的现状与发展规划，自然资源开发利用状况等，研究确定路线起终点、主要控制点、路线长度、交叉数量、管理与服务设施配置等，确定建设规模。

4.3.2 应根据项目的总体建设规模、控制性工程施工条件、交通量发展需求和项目资金筹措情况等相关因素，论证确定项目的建设方式。采用分期修建方式时，应符合下列要求：

1 必须在综合分析论证的基础上作出总体设计和分期实施计划，分期修建的项目应使前期工程在后期仍能充分利用，并为后期工程的修建留有余地和创造有利条件。

2 在论证采用分期建设方式时，除考虑交通量发展需求和项目资金条件外，还应充分考虑整个施工期内，项目建设对周边环境、沿线群众交通出行、交通组织、安全等的影响。

3 高速公路根据路网规划、交通量等因素，可采用纵向分段或按工程项目分期修建的方式。高速公路整体式路基路段，不得采用分期分幅的建设方式；高速公路和一级公路分离式路基路段经论证可采用分期分幅的建设方式，先期建成的一幅按双向交通通行时，应按二级公路通车条件进行管理，且限制速度不应超过80km/h。

4.3.3 公路路基横断面形式应符合下列规定：

1 高速公路和一级公路应根据沿线地形、地质等条件，选用整体式路基断面形式或分离式路基断面形式。必要时，应对采用整体式与分离式路基、高低路堤、半桥半隧等路线方案进行比选论证。

2 在戈壁、沙漠和草原等地区，高速公路和一级公路宜选择宽中央分隔带、低路基、缓边坡、宽浅边沟等形式。

3 二级公路、三级公路和四级公路应选择整体式路基断面形式。

4 一级公路、二级公路应根据功能、混合交通量及其交通组成论证设置慢车道的条件，并确定其设置方式、横断面形式与宽度。

5 公路不同断面形式及宽度变化应设置必要的过渡段，其位置宜选择在城镇、交叉等节点。

6 公路路基横断面布置应满足交通工程和安全设施等设置的需求。

4.3.4 公路与邻近铁路、管线的相互布置关系，应在调查掌握铁路及各类管线设施的走向、位置的基础上合理确定，并应符合下列要求：

1 应合理减少公路与铁路、管线等的交叉次数。必须交叉时，应论证确定交叉位置和方式，采用较大的交叉角度，同时确保铁路、管线及其附属设施不得侵入公路建筑限界、不得影响公路视距。

2 当公路与铁路和管线设施平行相邻时，应保持必要的距离，且保证铁路、管线及其附属设施不得进入公路两侧建筑控制区范围。

4.3.5 公路项目与沿线相关公路的交叉方式，应根据公路功能、等级及交通组织方式综合确定，并应符合下列要求：

1 承担干线功能的公路，应充分结合既有路网条件，通过合并、分流、设置辅道等措施，减少各类交叉数量、加大交叉间距，提高公路通行的效率和安全性。

2 高速公路与其他等级公路交叉时，必须采用立体交叉方式。应视交通流转换需求论证采用互通式立体交叉或分离式立体交叉。

3 一级公路与其他一级及一级以下公路交叉时，应根据其所承担的主要功能确定交叉方式。承担干线功能时，与交通量大的公路相交宜采用立体交叉方式；承担集散功能时，应控制平面交叉间距，减少平面交叉的数量。

4 二级、三级、四级公路与其他二级及二级以下公路交叉时，可采用平面交叉方式。

5 一级及一级以下公路穿越或靠近城镇路段，应根据沿线实际情况考虑设置必要的隔离设施。

4.3.6 交通工程及沿线设施应与主体工程同步设计，并应根据公路功能及等级、交通组织方式及安全与运营管理等需要，合理确定公路收费站场、服务区、停车区等管理和服务设施的位置、形式、间距和配置规模。必要时，可根据交通量等发展需求，论证采用一次规划、分期建设的方案。

4.3.7 路线方案应由面到带、由带到线考虑各类影响因素，通过综合论证确定，并应符合下列要求：

1 应查明沿线地质、水文情况，重大自然灾害、地质病害的分布、范围、状态及其对工程的影响程度。对路线方案选择有重大影响的地质灾害，应进行综合评估，并对绕避、穿越及处治方案进行比选论证。

2 应研究特大桥、特长隧道等布置方案对路线走廊带及线位布局的影响，并进行方案比选论证。一般桥梁和隧道，其布设宜服从路线总体走向和几何线形设计等要求。

3 对于公路路基高填深挖的路段，应进行高填路基与桥梁、深挖路堑与隧道方案的综合比选论证。

4.3.8 改扩建公路应遵循利用与改造相结合的原则，应在原有公路交通安全性评价，以及原有路基、桥梁、隧道检测与评价的基础上，综合论证对既有路线和构造物等的利用原则和利用方案，合理、充分地利用原有工程，并应符合下列要求：

1 对于改扩建期间维持交通的项目，应基于相关路网条件，分析提出项目建设期间交通流组织与疏导方案，最大限度减少项目施工对既有交通出行的影响，保证交通安全。高速公路改扩建项目维持通车路段，服务水平可降低一级，设计速度不宜低于60km/h。

2 沙漠、戈壁、草原等小交通量地区的高速公路分离式断面路段利用现有二级公路改建为一幅时，其设计洪水频率可维持原标准不变，并应根据需要设置区域交通出行的辅道。

3 公路改扩建项目应充分利用公路废旧材料，节约工程建设资源。

4.4 环境保护与资源节约

4.4.1 应坚持保护优先、以防为主、以治为辅、综合治理的原则，严格执行工程建设项目环境影响评价、水土保持方案编制和环境保护"三同时"制度，在总体设计中落实环境保护相关措施和意见，结合项目实际协调好公路建设与环境的关系，减少对环境的不利影响。

4.4.2 应加强路线走廊带、路线方案的综合比选，将土地压占、矿产压覆等资源占用和高边坡开挖、压占河道等环境影响作为方案选择的重要指标，优先选择资源占用少、环境影响小的方案。

4.4.3 应合理设置取土场，路侧取土不宜距离路基过近，取土场避免直接开挖路侧山坡坡体。当路基、隧道弃方或弃渣量大时，应结合项目施工组织设计最大限度利用弃方和弃渣；难以利用时，应合理设置弃土、弃渣场地，做好专项设计，保证其稳定，防止水土流失。

4.4.4 应加强对路域施工范围及取弃土场地的表土收集与利用，做好对取弃土场、施工便道等临时用地的植被保护与恢复。

4.4.5 应加强服务区、停车区等公路附属设施生产、生活污水处理能力，采用先进工艺，保证污水达标回用或集中收集存放，达到水资源循环利用；在公路运营、管理与服务设施设计中，应合理利用风能、太阳能、地热能等可再生能源。

4.4.6 应加强对钢材、复合材料等的循环利用；推进粉煤灰、建筑废料等在公路路基填筑及混凝土浇筑中的综合利用；倡导对沥青、水泥混凝土路面及结构物拆除构件等的再生利用。

4.5 设计检验与安全评价

4.5.1 公路设计应运用运行速度方法，对路线设计、几何指标和线形组合设计进行分析检验，检验运行速度的协调性和一致性。

4.5.2 高速公路、一级公路和二级干线公路应在设计时进行交通安全性评价，其他公路在有条件时也可进行交通安全性评价。应根据交通安全性评价结论，对线形设计、几何指标取用等进行调整优化，对交通安全设施及管理措施进行检查完善，并应符合下列要求：

1 对连续长陡纵坡路段的上坡方向，应重点依据交通量、车型组成和运行速度变化，分析评价其上坡路段的通行能力和服务水平，提出交通组织与管理措施方案，必要时论证增设爬坡车道。

2 对连续长陡纵坡路段的下坡方向，应重点依据交通量、车型组成和主要货车车型的综合性能条件，分析评价车辆连续下坡的交通安全性，对应完善和加强路段交通工程和路侧安全设施，提出路段交通组织管理、速度控制措施方案，必要时论证增设避险车道。

3 对路侧临水、临崖、高填方等路段，应结合项目功能、设计速度和交通量等因素，根据安全设施设置方案分析路侧安全风险，完善路侧安全防护设计，必要时应提出交通安全管理措施或提高路侧安全防护等级。

5 选线

5.0.1 选线应包括确定路线基本走向、路线走廊带、路线方案至选定线位的全过程。

5.0.2 路线走向及主要控制点的选定应符合下列规定：

1 路线起、终点，必须连接的城镇、重要园区、工矿企业、综合交通枢纽，以及特定的特大桥、特长隧道等的位置，应为路线基本走向的控制点。

2 特大桥、大桥、特长隧道、长隧道、互通式立体交叉、铁路交叉等的位置，应为路线走向控制点，原则上应服从路线基本走向。

3 中、小桥涵，中、短隧道，以及一般构造物的位置应服从路线走向。

5.0.3 不同的设计阶段，选线工作内容应各有侧重，后一阶段应复查并优化前一阶段的路线方案，使路线线位更臻完善。

5.0.4 公路选线应遵循下列原则：

1 确定路线走廊带应考虑走廊带内各种运输体系及不同层次路网间的分工与配合，按照其功能统筹规划，近远期结合，合理布局。

2 必须由面到带、由带到线，在对地形地貌、地质水文、气候气象、环境敏感区等调查与勘察的基础上论证、确定路线方案。同一起、终点的路段内有多个可行路线方案时，应对各设计方案进行综合比选。

3 应考虑同农田与水利建设、矿产资源开发和城市发展等规划的配合。

4 应充分利用建设用地，严格保护农用耕地；应保护生态环境，并同当地景观相协调。

5 应尽可能避让不可移动文物、水源地和自然保护区。

6 应保持与易燃、易爆等危险源及污染源间的安全距离。

7 公路改扩建工程应注重节约资源，坚持利用与改扩建相结合的原则，合理、充分利用原有工程。

5.0.5 公路选线应符合下列要求：

1 对路线所经区域、走廊带及其沿线的工程地质和水文地质应进行深入调查、勘察，查清其对公路工程的影响程度。遇有不良工程地质的地段应视其对路线的影响程度，分别对绕、避、穿等方案进行比选论证。

2 调查沿线各类敏感点及矿产资源，并研究其对路线方案的影响，合理选择线位。

3 高速公路和一级公路与沿线主要交通源衔接，应利用区域路网或新建连接道路。

4 二级公路、三级公路在遵循项目总体功能和走向的基础上，应尽量避免穿越城镇。

5 应协调桥梁、隧道、互通式立体交叉、服务区等构造物的位置和高程等关系。

6 应综合考虑与相关公路、铁路、输电线路、油气管道等的平行或交叉关系，合理利用走廊带资源，节约占地。

7 平原区选线宜采用较高的技术指标，尽量避免采用长直线或小偏角平曲线。

8 山岭区选线应充分利用地形条件，合理确定垭口位置，应尽量避免高填深挖等现象。

9 沿河（溪）线选线时，应根据设计洪水位，结合地形、地质合理确定线位高程，必要时应对桥梁与路基方案进行比选论证。

5.0.6 公路选线可采用纸上定线或现场定线的方法，应符合下列规定：

1 高速公路、一级公路采用纸上定线时，必须现场核定。

2 二级公路、三级公路、四级公路可采用现场定线；有条件或地形条件受限制时，可采用纸上定线或纸上移线并现场核定的方法。

5.0.7 公路选线应在广泛搜集与路线方案有关的规划、计划、统计资料，相关部门的各种地形图、地质、气象等资料的基础上，深入调查、勘察，并运用遥感、航测、卫星定位、数字技术等技术，确保其勘察工作的广度、深度和质量，不应遗漏有价值的路线方案。

6 公路横断面

6.1 一般规定

6.1.1 公路路基标准横断面组成应符合下列规定：

1 高速公路、一级公路的路基标准横断面分为整体式和分离式两类。整体式路基的标准横断面应由车道、中间带（中央分隔带、左侧路缘带）、路肩（右侧硬路肩、土路肩）等部分组成。分离式路基的标准横断面应由车道、路肩（右侧硬路肩、左侧硬路肩、土路肩）等部分组成。

2 二级公路路基的标准横断面应由车道、路肩（硬路肩、土路肩）等部分组成。

3 三级公路、四级公路路基的标准横断面应由车道、路肩等部分组成。

6.1.2 公路路基横断面形式应根据公路功能、技术等级、交通量和地形等条件确定。各级公路一般路基横断面形式示例如图 6.1.2-1～图 6.1.2-4 所示，并应符合下列规定：

1 高速公路、一级公路应根据需要采用整体式或分离式路基断面形式。

2 双向十车道及以上车道数的高速公路可采用复合式断面形式。

3 二级公路、三级公路、四级公路应采用整体式路基断面形式。

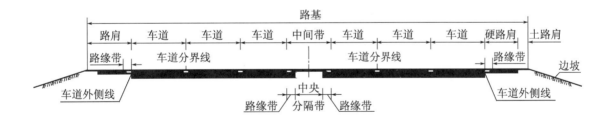

图 6.1.2-1 高速公路、一级公路一般整体式断面形式

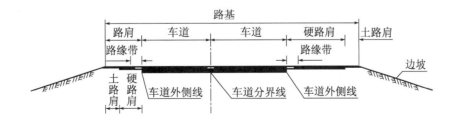

图 6.1.2-2 高速公路、一级公路一般分离式断面形式（右幅断面）

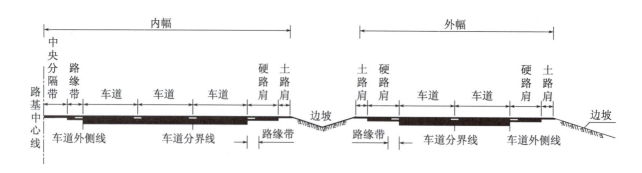

图 6.1.2-3-1　高速公路分离复合式断面形式（右幅断面）

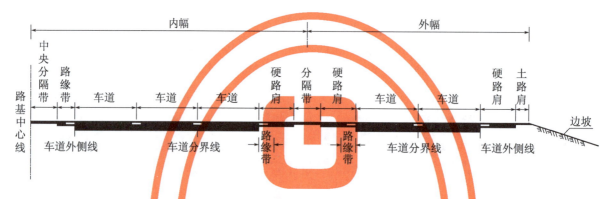

图 6.1.2-3-2　高速公路整体复合式断面形式（右幅断面）

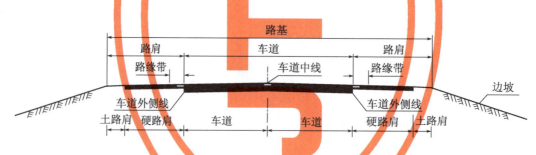

图 6.1.2-4　二级公路、三级公路、四级公路一般路基断面形式

6.1.3　公路路基横断面中各组成部分宽度应根据公路技术等级、交通量与交通组成、横断面各组成部分的功能综合确定，并应符合下列规定：

1　公路路基宽度为车道宽度与路肩宽度之和。当设有中间带、加（减）速车道、爬坡车道、紧急停车带、错车道、超车道、侧分隔带、非机动车道（或慢车道）和人行道等时，应包括上述部分的宽度。

2　非机动车、行人密集公路和城市出入口的公路，可根据需要设置侧分隔带、非机动车道和人行道。

3　一级公路在慢行车辆较多时，可利用右侧硬路肩（宽度不足时应加宽）设置慢车道，并应在车道与慢车道之间设置隔离设施。

4　二级公路在慢行车辆较多时，可根据需要采用加宽硬路肩的方式设置慢车道，并应增加必要的交通安全设施，加强交通组织管理。

6.2 车道

6.2.1 车道宽度应符合表6.2.1的规定，并应符合下列规定：

表6.2.1 车道宽度

设计速度（km/h）	120	100	80	60	40	30	20
车道宽度（m）	3.75	3.75	3.75	3.50	3.50	3.25	3.00

  1 八车道及以上公路在内侧车道（内侧第1、2车道）仅限小客车通行时，其车道宽度可采用3.5m。

  2 以通行中、小型客运车辆为主且设计速度为80km/h及以上的公路，经论证车道宽度可采用3.5m。

  3 四级公路采用单车道时，车道宽度应采用3.5m。

  4 设置慢车道的二级公路，慢车道宽度应采用3.5m。

  5 需要设置非机动车道和人行道的公路，非机动车道和人行道等的宽度，宜视实际情况确定。

6.2.2 各级公路的基本车道数应符合表6.2.2的规定，并应符合下列规定：

表6.2.2 各级公路的基本车道数

公路技术等级	高速公路、一级公路	二级公路	三级公路	四级公路
车道数（条）	≥4	2	2	2（1）

  1 高速公路和一级公路各路段车道数应根据设计交通量、设计通行能力确定，且应不小于四车道。当车道数增加时，应按双数、两侧对称增加。

  2 二级公路、三级公路应为双车道。

  3 四级公路一般路段应采用双车道，交通量小或工程特别艰巨的路段可采用单车道。

6.2.3 爬坡车道的设置应符合下列规定：

  1 高速公路、一级公路以及二级公路在连续上坡路段设置爬坡车道时，其宽度不应小于3.5m，且不大于4.0m。六车道及以上的高速公路、一级公路可不设爬坡车道。

  2 高速公路、一级公路的爬坡车道应紧靠车道的外侧设置。条件受限时，爬坡车道路段右侧硬路肩宽度应不小于0.75m。

  3 二级公路的爬坡车道应紧靠车道的外侧设置，可利用硬路肩宽度。当需保留原来供非汽车交通行驶的硬路肩时，该部分应移至爬坡车道的外侧。

6.2.4 加速车道、减速车道的设置应符合下列规定：

  1 高速公路、一级公路的互通式立体交叉、服务区、停车区、客运汽车停靠站、管理与养护设施、观景台等与主线相衔接处,应设置加速车道和减速车道。加、减速车道宽度应为3.5m。

2 二级公路在服务区、停车区、客运汽车停靠站、管理与养护设施、加油站、观景台等的各类出入口处,应设置过渡段。

6.2.5 四级公路路基宽度采用单车道时,应在不大于300m的距离内选择有利地点设置错车道,并使驾驶者能看到相邻两错车道之间的车辆。设置错车道路段的路基宽度应不小于6.5m,有效长度应不小于20m。

6.2.6 连续长、陡下坡路段,应结合交通安全性评价论证设置避险车道。避险车道应设置在长、陡下坡路段的右侧视距良好的适当位置,其宽度不应小于4.50m。有条件时,宜在避险车道右侧平行设置救援车道。

6.3 中间带

6.3.1 高速公路、一级公路整体式路基断面必须设置中间带,中间带由两条左侧路缘带和中央分隔带组成,并应符合下列规定:

1 高速公路和作为干线的一级公路,中央分隔带宽度应根据公路项目中央分隔带功能确定。

2 作为集散的一级公路,中央分隔带宽度应根据中间隔离设施的宽度确定。

3 左侧路缘带宽度不应小于表6.3.1的规定。

表6.3.1 左侧路缘带宽度

设计速度（km/h）		120	100	80	60
左侧路缘带宽度（m）	一般值	0.75	0.75	0.50	0.50
	最小值	0.50	0.50	0.50	0.50

注:1. "一般值"为正常情况下的采用值。
2. 设计速度为120km/h、100km/h时,受地形、地物限制的路段或多车道公路内侧仅限小型车辆通行的路段,可论证采用"最小值"。

6.3.2 分离式路基间的间距应满足设置必要的排水和安全防护设施等的需要,且与地形和周围景观相配合。

6.3.3 互通式立体交叉、隧道、特大桥、服务区等构造物前后,以及整体式路基、分离式路基的分离(汇合)处,应设置中央分隔带开口,其设置应符合下列规定:

1 中央分隔带开口间距应视需要而定,最小间距应不小于2km。

2 中央分隔带开口长度不宜大于40m;八车道及以上车道数的高速公路开口长度可适当增长,但不应大于50m。中央分隔带开口处应设置活动护栏。

3 中央分隔带开口应设置在通视良好的路段，开口设于曲线路段时，该圆曲线的超高值不宜大于3%。

4 当中央分隔带宽度小于3.0m时，其开口端部的形式可采用半圆形；当中央分隔带宽度大于或等于3.0m时，宜采用弹头形。

6.3.4 分离式路基应在适当位置设横向连接道，以供养护、维修或应急抢险时使用。

6.4 路肩

6.4.1 各级公路右侧路肩宽度应符合表6.4.1的规定，并应符合下列规定：

表6.4.1 右侧路肩宽度

公路技术等级（功能）		高速公路			一级公路（干线功能）	
设计速度（km/h）		120	100	80	100	80
右侧硬路肩宽度（m）	一般值	3.00（2.50）	3.00（2.50）	3.00（2.50）	3.00（2.50）	3.00（2.50）
	最小值	1.50	1.50	1.50	1.50	1.50
土路肩宽度（m）	一般值	0.75	0.75	0.75	0.75	0.75
	最小值	0.75	0.75	0.75	0.75	0.75

公路技术等级（功能）		一级公路（集散功能）和二级公路		三级公路、四级公路		
设计速度（km/h）		80	60	40	30	20
右侧硬路肩宽度（m）	一般值	1.50	0.75	—	—	—
	最小值	0.75	0.25	—	—	—
土路肩宽度（m）	一般值	0.75	0.75	0.75	0.50	0.25（双车道）0.50（单车道）
	最小值	0.50	0.50			

注：1. 正常情况下，应采用"一般值"；在设爬坡车道、变速车道及超车道路段，受地形、地物等条件限制路段及多车道公路特大桥，可论证采用"最小值"。
   2. 高速公路和作为干线的一级公路以通行小客车为主时，右侧硬路肩宽度可采用括号内数值。
   3. 高速公路局部设计速度采用60km/h的路段，右侧硬路肩宽度不应小于1.5m。

1 高速公路、一级公路应在右侧硬路肩宽度内设右侧路缘带，其宽度为0.50m。

2 二级公路的硬路肩可供非汽车交通使用。非汽车交通量较大的路段，可采用全铺的方式，以充分利用。

3 二级公路、三级公路、四级公路在路肩上设置的标志、防护设施等不得侵入公路建筑限界，必要时应加宽路肩。

6.4.2 高速公路、一级公路的左侧路肩应符合下列规定：

1 高速公路、一级公路的分离式路基，应设置左侧路肩，其宽度规定如表6.4.2所示。左侧硬路肩内含左侧路缘带，左侧路缘带宽度为0.50m。

表 6.4.2 高速公路、一级公路分离式路基的左侧路肩宽度

设计速度（km/h）	120	100	80	60
左侧硬路肩宽度（m）	1.25	1.00	0.75	0.75
左侧土路肩宽度（m）	0.75	0.75	0.75	0.50

2 高速公路整体式路基双向八车道及以上路段，宜设置左侧硬路肩，其宽度应不小于 2.5m。

3 高速公路分离式路基单幅同向四车道及以上的路段，左侧硬路肩宽度不宜小于 2.5m。

6.4.3 紧急停车带的设置应符合下列规定：

1 高速公路和作为干线的一级公路的右侧硬路肩宽度小于 2.50m 时，应设紧急停车带。紧急停车带宽度应不小于 3.50m，有效长度不应小于 40m，间距不宜大于 500m，并应在其前后设置不短于 70m 的过渡段。

2 高速公路、一级公路的特大桥、特长隧道，根据需要可设置紧急停车带，其间距不宜大于 750m。

3 二级公路根据需要可设置紧急停车带，其间距宜按实际情况确定。

6.5 路拱坡度

6.5.1 高速公路、一级公路整体式路基的路拱宜采用双向路拱坡度，由路中央向两侧倾斜。位于中等强度降雨地区时，路拱坡度宜为 2%；位于降雨强度较大地区时，路拱坡度可适当增大。

6.5.2 高速公路、一级公路分离式路基的路拱，宜采用单向横坡，并向路基外侧倾斜，也可采用双向路拱坡度。积雪冰冻地区，宜采用双向路拱坡度。

6.5.3 双向六车道及以上车道数的公路，当超高过渡段的路拱坡度过于平缓时，可采用双向路拱坡度。路拱坡度过于平缓路段应进行路面排水分析。

6.5.4 二级公路、三级公路、四级公路的路拱应采用双向路拱坡度，由路中央向两侧倾斜。路拱坡度应根据路面类型和当地自然条件确定，但不应小于 1.5%。

6.5.5 硬路肩、土路肩横坡的设计应符合下列规定：

1 直线路段的硬路肩应设置向外倾斜的横坡，其坡度值应与车道横坡值相同。路线纵坡平缓，且设置拦水带时，其横坡值宜采用 3%~4%。

2 曲线路段内、外侧硬路肩横坡的横坡值及其方向：当曲线超高小于或等于 5%

时,其横坡值和方向应与相邻车道相同;当曲线超高大于5%时,其横坡值应不大于5%,且方向相同。

3 硬路肩的横坡应随邻近车道的横坡一同过渡,其过渡段的纵向渐变率应控制在1/330~1/150之间。

4 土路肩的横坡:位于直线路段或曲线路段内侧,且车道或硬路肩的横坡值大于或等于3%时,土路肩的横坡应与车道或硬路肩横坡值相同;小于3%时,土路肩的横坡应比车道或硬路肩的横坡值大1%或2%。位于曲线路段外侧的土路肩横坡,应采用3%或4%的反向横坡值。

5 中型以上桥梁及隧道区段的硬路肩横坡值,应与车道相同。

6.6 公路建筑限界

6.6.1 公路建筑限界范围内不得有任何障碍物侵入。公路标志、护栏、照明灯柱、电杆、管线、绿化、行道树以及跨线桥的梁底、桥台、桥墩等的任何部分也不得侵入公路建筑限界。

6.6.2 各级公路的建筑限界应符合图6.6.2的规定,并应符合下列规定:

1 设置加(减)速车道、紧急停车带、爬坡车道、错车道、慢车道、车道隔离设施等路段,行车道应包括该部分的宽度。

2 八车道及以上的高速公路(整体式),设置左侧硬路肩时,建筑限界应包括相应部分的宽度。

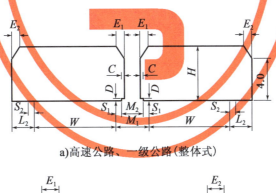

a) 高速公路、一级公路(整体式)

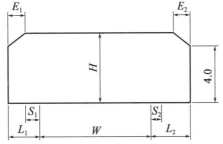

b) 高速公路、一级公路(分离式)

图 6.6.2

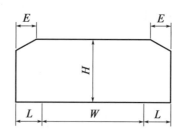

c) 二、三、四级公路

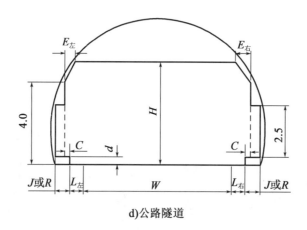

d) 公路隧道

图 6.6.2 建筑限界（尺寸单位：m）

图中：W——行车道宽度；

L_1——左侧硬路肩宽度；

L_2——右侧硬路肩宽度；

S_1——左侧路缘带宽度；

S_2——右侧路缘带宽度；

L——侧向宽度，二级公路的侧向宽度为硬路肩宽度；三、四级公路的侧向宽度为路肩宽度减去 0.25m；设置护栏时，应根据护栏需要的宽度加宽路基；

$L_左$——隧道内左侧侧向宽度；

$L_右$——隧道内右侧侧向宽度；

C——当设计速度大于 100km/h 时为 0.5m，小于或等于 100km/h 时为 0.25m；

D——路缘石高度，小于或等于 0.25m；一般情况下，高速公路可不设路缘石；

M_1——中间带宽度；

M_2——中央分隔带宽度；

J——检修道宽度；

R——人行道宽度；

d——检修道或人行道高度；

E——建筑限界顶角宽度，当 $L \leqslant 1m$ 时，$E = L$；当 $L > 1m$ 时，$E = 1m$；

E_1——建筑限界左顶角宽度，当 $L_1 < 1m$ 时，$E_1 = L_1$；或 $S_1 + C < 1m$，$E_1 = S_1 + C$；当 $L_1 \geqslant 1m$ 或 $S_1 + C \geqslant 1m$ 时，$E_1 = 1m$；

E_2——建筑限界右顶角宽度，$E_2 = 1\text{m}$；

$E_左$——建筑限界左顶角宽度，当$L_左 \leq 1\text{m}$时，$E_左 = L_左$；当$L_左 > 1\text{m}$时，$E_左 = 1\text{m}$；

$E_右$——建筑限界右顶角宽度，当$L_右 \leq 1\text{m}$时，$E_右 = L_右$；当$L_右 > 1\text{m}$时，$E_右 = 1\text{m}$；

H——净空高度。

3 隧道最小侧向宽度应符合表6.6.2的规定。

表6.6.2 隧道最小侧向宽度

设计速度（km/h）	高速公路、一级公路				二级公路、三级公路、四级公路				
	120	100	80	60	80	60	40	30	20
左侧侧向宽度$L_左$（m）	0.75	0.75	0.50	0.50	0.75	0.50	0.25	0.25	0.50
右侧侧向宽度$L_右$（m）	1.25	1.00	0.75	0.75	0.75	0.50	0.25	0.25	0.50

4 桥梁、隧道设置检修道、人行道时，建筑限界应包括相应部分的宽度。

5 高速公路、一级公路、二级公路的净高应为5.00m；三级公路、四级公路的净高应为4.50m。

6 人行道、自行车道、检修道与行车道分开设置时，其净高应为2.50m。

7 路基、桥梁、隧道相互衔接处，其建筑限界应按过渡段处理。

6.6.3 公路建筑限界的边界应按图6.6.3划定，并应符合下列规定：

1 在不设超高的路段，建筑限界的上缘边界线应为水平线，其两侧边界线应与水平线垂直。

2 在设置超高的路段，建筑限界的上缘边界线应与超高横坡平行，其两侧边界线应与路面超高横坡垂直。

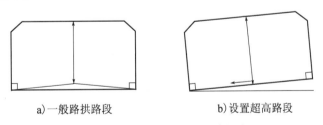

a) 一般路拱路段　　　b) 设置超高路段

图6.6.3 建筑限界的边界线划定

6.6.4 公路净空高度应符合下列规定：

1 根据公路在路网中的地位与位置，同一公路应采用相同的净空高度。

2 三级公路、四级公路的路面采用沥青贯入、沥青碎石、沥青表面处治或砂石路面时，净空高度宜预留20cm。

3 中央分隔带或路肩上设置桥梁墩台、标志立柱时，其前缘除不得侵入公路建筑限界外，且不得紧贴建筑物设置，应留有护栏缓冲变形的余宽。

4 凹形竖曲线上方设有跨线构造物时，其净高应满足铰接列车有效净高的要求，如图 6.6.4 所示。

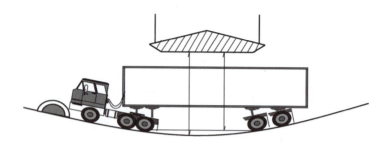

图 6.6.4 凹形竖曲线上方有效净空高度

5 公路下穿宽度较宽或斜交角度较大的跨线构造物时，其路面距跨线构造物下缘任一点的净高均应符合相应净空高度的规定。

6.7 公路用地范围

6.7.1 公路用地应遵循保护、开发土地资源，合理利用土地，切实保护耕地，促进社会经济可持续发展的原则，合理拟定公路建设规模、技术指标、设计施工方案，确定公路用地范围。

6.7.2 公路用地范围的确定应符合下列规定：

1 公路用地范围为公路路堤两侧排水沟外边缘（无排水沟时为路堤或护坡道坡脚）以外，或路堑坡顶截水沟外边缘（无截水沟为坡顶）以外不小于 1m 范围内的土地；在有条件的地段，高速公路和一级公路不小于 3m、二级公路不小于 2m 范围内的土地为公路用地范围。

2 在风沙、雪害、滑坡、泥石流等不良地质地带设置防护、整治设施时，以及在膨胀土、盐渍土等特殊土地带采取处治措施时，应根据实际需要确定用地范围。

3 桥梁、隧道、互通式立体交叉、分离式立体交叉、平面交叉、安全设施、服务设施、管理设施、绿化以及其他线外工程等用地，应根据实际需要确定用地范围。

4 有条件或环境保护要求种植多行林带的路段，应根据实际情况确定用地范围。

5 改扩建公路可参照新建公路用地范围的规定执行。

7 公路平面

7.1 一般规定

7.1.1 公路平面线形由直线、圆曲线、缓和曲线等三种线形要素组成。公路平面缓和曲线应采用回旋线。

7.1.2 平面线形必须与地形、景观、环境等相协调，同时注意线形的连续与均衡性，并同纵断面、横断面相互配合。

7.2 直线

7.2.1 直线的长度不宜过长。受地形条件或其他特殊情况限制而采用长直线时，应结合沿线具体情况采取相应的技术措施。

7.2.2 两圆曲线间以直线径相连接时，直线的长度不宜过短，并应符合下列规定：
1 设计速度大于或等于60km/h时，同向圆曲线间最小直线长度（以 m 计）以不小于设计速度（以 km/h 计）的 6 倍为宜；反向圆曲线间的最小直线长度（以 m 计）以不小于设计速度（以 km/h 计）的 2 倍为宜。
2 设计速度小于或等于40km/h时，可参照上述规定执行。

7.3 圆曲线

7.3.1 各级公路平面不论转角大小，均应设置圆曲线。在选用圆曲线半径时，应与设计速度相适应。

7.3.2 圆曲线最小半径应根据设计速度，按表7.3.2确定。

7.3.3 圆曲线最大半径值不宜超过 10 000m。

表 7.3.2 圆曲线最小半径

设计速度（km/h）		120	100	80	60	40	30	20
圆曲线最小半径（一般值）（m）		1 000	700	400	200	100	65	30
圆曲线最小半径（极限值）（m）	$I_{max}=4\%$	810	500	300	150	65	40	20
	$I_{max}=6\%$	710	440	270	135	60	35	15
	$I_{max}=8\%$	650	400	250	125	60	30	15
	$I_{max}=10\%$	570	360	220	115	—	—	—

注："一般值"为正常情况下的采用值；"极限值"为条件受限制时可采用的值；"I_{max}"为采用的最大超高值；"—"为不考虑采用对应最大超高值的情况。

7.4 回旋线

7.4.1 高速公路、一级公路、二级公路、三级公路的直线同小于表 7.4.1 不设超高的圆曲线最小半径径相连接处，应设置回旋线。四级公路的直线同小于表 7.4.1 不设超高的圆曲线最小半径径相连接处，可不设置回旋线，但应设置超高、加宽过渡段。

表 7.4.1 不设超高的圆曲线最小半径

设计速度（km/h）		120	100	80	60	40	30	20
不设超高圆曲线最小半径（m）	路拱≤2%	5 500	4 000	2 500	1 500	600	350	150
	路拱>2%	7 500	5 250	3 350	1 900	800	450	200

7.4.2 半径不同的同向圆曲线径相连接处，应设置回旋线。但符合下列条件可不设回旋线：

1 小圆半径大于表 7.4.1 规定时。
2 小圆半径大于表 7.4.2 规定，且符合下列条件之一者：
1）小圆按最小回旋线长度设回旋线时，大圆与小圆的内移值之差小于 0.10m 时；
2）设计速度大于或等于 80km/h，大圆半径（R_1）与小圆半径（R_2）之比小于 1.5 时；
3）设计速度小于 80km/h，大圆半径（R_1）与小圆半径（R_2）之比小于 2.0 时。

表 7.4.2 复曲线中小圆临界圆曲线半径

设计速度（km/h）	120	100	80	60	40	30
临界圆曲线半径（m）	2 100	1 500	900	500	250	130

7.4.3 回旋线长度应符合下列规定：

1 回旋线长度应随圆曲线半径的增大而增长。
2 圆曲线按规定需设置超高时，回旋线长度应不小于超高过渡段长度。

3 回旋线最小长度应符合表7.4.3的规定。

表7.4.3 回旋线最小长度

设计速度（km/h）	120	100	80	60	40	30	20
回旋线最小长度（m）	100	85	70	50	35	25	20

注：四级公路为超高、加宽过渡段长度。

7.5 圆曲线超高

7.5.1 圆曲线半径小于表7.4.1规定的不设超高圆曲线最小半径时，应在曲线上设置超高，并符合下列规定：

1 各级公路圆曲线部分的最大超高值应符合表7.5.1规定。

2 各级公路圆曲线部分的最小超高值应与该公路直线部分的正常路拱横坡度值一致。

表7.5.1 各级公路圆曲线最大超高值

公路技术等级	高速公路、一级公路	二级公路、三级公路、四级公路
一般地区（%）	8 或 10	8
积雪冰冻地区（%）	6	
城镇区域（%）	4	

注：一般地区公路，圆曲线最大超高应采用8%；以通行中、小型客车为主的高速公路和一级公路，最大超高可采用10%。

7.5.2 二级公路、三级公路、四级公路接近城镇且混合交通量较大的路段，车速受到限制时，其最大超高值可按表7.5.2采用。

表7.5.2 车速受限制时最大超高值

设计速度（km/h）	80	60	40	30	20
超高值（%）	6	4	2		

7.5.3 各圆曲线半径所设置的超高值应根据设计速度、圆曲线半径、公路条件、自然条件等经计算确定，必要时应按运行速度验算。

7.5.4 当路拱横坡度发生变化时，必须设置超高过渡段。其超高渐变率应根据旋转轴的位置按表7.5.4确定。

表7.5.4 超高渐变率

设计速度（km/h）	超高旋转轴位置	
	中线	边线
120	1/250	1/200
100	1/225	1/175

续表 7.5.4

设计速度（km/h）	超高旋转轴位置	
	中线	边线
80	1/200	1/150
60	1/175	1/125
40	1/150	1/100
30	1/125	1/75
20	1/100	1/50

7.5.5 超高过渡方式应符合下列规定：

1 对于无中间带的公路，当超高横坡度等于路拱坡度时，将外侧车道绕路中线旋转，直至超高横坡度；当超高横坡度大于路拱坡度时，应采用绕内侧车道边缘旋转、绕路中线旋转或绕外侧车道边缘旋转的方式。设计中应视情况确定：

1）新建工程宜采用绕内侧车道边缘旋转的方式；
2）改建工程可采用绕路中线旋转的方式；
3）路基外缘高程受限制或路容美观有特殊要求时，可采用绕外侧车道边缘旋转的方式。

2 对于有中间带的公路，应采用绕中间带的中心线旋转、绕中央分隔带边缘旋转或分别绕行车道中线旋转的方式，设计中应视情况确定：

1）有中间带的公路均可采用绕中央分隔带边缘旋转的方式；
2）中间带宽度较小的公路还可采用绕中间带中心线旋转的方式；
3）车道数大于 4 条的公路可采用分别绕行车道中线旋转的方式。

3 采用分离式路基断面的公路，其超高过渡方式宜按无中间带公路分别予以过渡。

7.5.6 超高过渡宜在回旋线全长范围内进行。当回旋线较长时，其超高过渡段应设在回旋线的某一区段范围内，超高过渡段的纵向渐变率不得小于 1/330，全超高断面宜设在缓圆点或圆缓点处。

7.5.7 超高过渡宜采用线性过渡方式。

7.5.8 双向六车道及以上车道数的公路宜增设路拱线。

7.5.9 高速公路、一级公路整体式路基的纵坡较大处，其上、下行车道可采用不同的超高值。

7.5.10 硬路肩超高方式应符合下列规定：

1 硬路肩超高值与相邻车道超高值相同时，其超高过渡段应与车道相同，且采用与车道相同的超高渐变率。

2 硬路肩超高值比相邻车道超高值小时，应先将硬路肩横坡过渡到与车道路拱坡度相同，再与车道一起过渡，直至硬路肩达到其最大超高横坡度。

7.6 圆曲线加宽

7.6.1 二级公路、三级公路、四级公路的圆曲线半径小于或等于250m时，应设置加宽。双车道公路路面加宽值应符合表7.6.1的规定，圆曲线加宽值应根据公路功能、技术等级和实际交通组成确定，并应符合下列规定：

1 作为干线的二级公路，应采用第3类加宽值。

2 作为集散的二级公路和三级公路，在考虑铰接列车通行时，应采用第3类加宽值；不考虑通行铰接列车时，可采用第2类加宽值。

3 作为支线的三级公路、四级公路可采用第1类加宽值。

4 有特殊车辆通行的专用公路应根据特殊车辆验算确定其加宽值。

表7.6.1 双车道路面加宽值（m）

加宽类别	设计车辆	圆曲线半径（m）								
		200~250	150~200	100~150	70~100	50~70	30~50	25~30	20~25	15~20
第1类	小客车	0.4	0.5	0.6	0.7	0.9	1.3	1.5	1.8	2.2
第2类	载重汽车	0.6	0.7	0.9	1.2	1.5	2.0	—	—	—
第3类	铰接列车	0.8	1.0	1.5	2.0	2.7	—	—	—	—

注：单车道公路路面加宽值应为表列规定值的一半。

7.6.2 圆曲线上的路面加宽应设置在圆曲线的内侧。各级公路的路面加宽后，路基也应相应加宽。

7.6.3 双车道公路在采取强制性措施实行分向行驶的路段，其圆曲线半径较小时，内侧车道的加宽值应大于外侧车道的加宽值，设计时应通过计算分别确定。

7.6.4 加宽过渡段设置应符合下列规定：

1 设置回旋线或超高过渡段时，加宽过渡段长度应采用与回旋线或超高过渡段长度相同的数值。

2 不设回旋线或超高过渡段时，加宽过渡段长度应按渐变率为1:15且长度不小于10m的要求设置。

7.6.5 二级公路、三级公路、四级公路的加宽过渡应在加宽过渡段全长范围内，按其长度成比例增加的方式设置。

7.7 四级公路的超高、加宽过渡段

7.7.1 四级公路可不设回旋线而用超高、加宽过渡段代替。当直线同半径小于表7.4.1不设超高的最小半径和规定应设置加宽的圆曲线衔接时，应设置超高、加宽过渡段。

7.7.2 四级公路的超高、加宽过渡段长度应分别按超高和加宽的有关规定计算，取其较长者，但最短应符合渐变率为1:15且不小于10m的要求。

7.7.3 四级公路的超高、加宽过渡段应设在紧接圆曲线起点或终点的直线上。受地形条件或其他特殊情况限制时，可将超高、加宽过渡段的一部分插入曲线，但插入曲线内的长度不得超过超高、加宽过渡段长度的一半。不同半径的同向圆曲线径相连接构成的复曲线，其超高、加宽过渡段应对称地设在衔接处的两侧。

7.7.4 四级公路设人工构造物处，当因设置超高、加宽过渡段而在圆曲线起、终点内侧边缘产生明显转折时，可采用路面加宽边缘线与圆曲线上路面加宽后的边缘圆弧相切的方法予以消除。

7.8 平曲线长度

7.8.1 平曲线最小长度应符合表7.8.1的规定。

表7.8.1　平曲线最小长度

设计速度（km/h）		120	100	80	60	40	30	20
平曲线最小长度（m）	一般值	600	500	400	300	200	150	100
	最小值	200	170	140	100	70	50	40

注："一般值"为正常情况下的采用值；"最小值"为条件受限时可采用的值。

7.8.2 当路线转角小于或等于7°时，应设置较长的平曲线，其长度应大于表7.8.2中规定的"一般值"。当地形条件及其他特殊情况限制时，可采用表中的"最小值"。

表7.8.2　公路转角小于或等于7°时的平曲线长度

设计速度（km/h）	120	100	80	60	40	30	20
一般值	1 400/Δ	1 200/Δ	1 000/Δ	700/Δ	500/Δ	350/Δ	280/Δ
最小值	200	170	140	100	70	50	40

注：表中Δ为路线转角值（°），当Δ<2°时，按Δ=2°计算。

7.9 视距

7.9.1 高速公路、一级公路的视距应采用停车视距。高速公路、一级公路的一般路段，每条车道的停车视距应不小于表 7.9.1 的规定。

表 7.9.1 高速公路、一级公路停车视距

设计速度（km/h）	120	100	80	60
停车视距（m）	210	160	110	75

7.9.2 二级公路、三级公路、四级公路的视距应采用会车视距。受地形条件或其他特殊情况限制而采取分道行驶措施的路段，可采用停车视距。会车视距与停车视距应不小于表 7.9.2 的规定。

表 7.9.2 二级、三级、四级公路会车视距与停车视距

设计速度（km/h）	80	60	40	30	20
会车视距（m）	220	150	80	60	40
停车视距（m）	110	75	40	30	20

7.9.3 二级公路、三级公路、四级公路双车道公路，应间隔设置满足超车视距的路段。具有干线功能的二级公路宜在 3min 的行驶时间内，提供一次满足超车视距要求的超车路段。超车视距最小值应符合表 7.9.3 的规定。

表 7.9.3 超车视距最小值

设计速度（km/h）		80	60	40	30	20
超车视距最小值（m）	一般值	550	350	200	150	100
	极限值	350	250	150	100	70

注："一般值"为正常情况下的采用值；"极限值"为条件受限时可采用的值。

7.9.4 高速公路、一级公路以及大型车比例高的二级公路、三级公路的下坡路段，应采用下坡段货车停车视距对相关路段进行检验。各级公路下坡段货车停车视距应不小于表 7.9.4 的规定。

表 7.9.4 下坡段货车停车视距（m）

设计速度（km/h）		120	100	80	60	40	30	20
纵坡坡度（%）	0	245	180	125	85	50	35	20
	3	265	190	130	89	50	35	20
	4	273	195	132	91	50	35	20
	5	—	200	136	93	50	35	20
	6	—	—	139	95	50	35	20
	7	—	—	—	97	50	35	20

续表 7.9.4

设计速度（km/h）	120	100	80	60	40	30	20
纵坡坡度（%） 8	—	—	—	—	—	35	20
9	—	—	—	—	—	—	20

7.9.5 各级公路的互通式立体交叉、服务区、停车区、客运汽车停靠站等各类出口路段应满足识别视距要求，并应符合下列规定：

1 不同设计速度对应的识别视距宜符合表 7.9.5 的规定。

表 7.9.5 识 别 视 距

设计速度（km/h）	120	100	80	60
识别视距（m）	350（460）	290（380）	230（300）	170（240）

注：括号中为行车环境复杂、路侧出口提示信息较多时应采取的视距值。

2 受地形、地质等条件限制路段，识别视距可采用 1.25 倍的停车视距，但应进行必要的限速控制和管理措施。

7.9.6 路线设计应对采用较低几何指标、线形组合复杂、中间带设置护栏或防眩设施、路侧设有高边坡或构造物、公路两侧各类出入口、平面交叉、隧道等各种可能存在视距不良的路段和区域，进行视距检验。不符合对应的视距要求时，应采取相应的技术和工程措施予以改善。

7.10 回头曲线

7.10.1 越岭路线应尽量利用有利地形自然展线，避免设置回头曲线。三级公路、四级公路在自然展线无法争取需要的距离以克服高差，或因地形、地质条件所限不能采取自然展线时，可采用回头曲线。

7.10.2 两相邻回头曲线之间，应有较长的距离。由一个回头曲线的终点至下一个回头曲线起点的距离，设计速度为 40km/h、30km/h、20km/h 时，应分别不小于 200m、150m、100m。

7.10.3 回头曲线各部分的技术指标应符合表 7.10.3 的规定。设计速度为 40km/h 的公路根据地形条件可选用 35km/h 或 30km/h 的回头曲线设计速度。

表 7.10.3 回头曲线技术指标

主线设计速度	40		30	20
回头曲线设计速度（km/h）	35	30	25	20
圆曲线最小半径（m）	40	30	20	15

续表 7.10.3

主线设计速度	40		30	20
回旋线最小长度（m）	35	30	25	20
超高横坡度（%）	6	6	6	6
双车道路面加宽值（m）	2.5	2.5	2.5	3.0
最大纵坡（%）	3.5	3.5	4.0	4.5

7.10.4 回头曲线前后的线形应连续、均匀、通视良好，两端宜布设过渡性曲线，且应设置限速标志、交通安全设施等。

8 公路纵断面

8.1 一般规定

8.1.1 纵断面上的设计高程,即路基设计高程应符合下列规定:

1 新建公路的路基设计高程:高速公路和一级公路宜采用中央分隔带的外侧边缘高程;二级公路、三级公路、四级公路宜采用路基边缘高程,在设置超高、加宽路段为设超高、加宽前该处边缘高程。

2 改建公路的路基设计高程:宜按新建公路的规定执行,也可视具体情况而采用中央分隔带中线或行车道中线高程。

8.1.2 路基设计洪水频率应符合表8.1.2的规定,并应符合下列规定:

表 8.1.2 路基设计洪水频率

公路等级	高速公路	一级公路	二级公路	三级公路	四级公路
设计洪水频率	1/100	1/100	1/50	1/25	按具体情况确定

1 沿河及可能受水浸淹的路段,按设计高程推算的最低侧路基边缘高程,应高出表8.1.2规定洪水频率计算水位加壅水高、波浪侵袭高和0.50m的安全高度。

2 沿水库上游岸边的路段,按设计高程推算的路基最低侧边缘高程应考虑水库水位升高后地下水位壅升,以及水库淤积后壅水曲线抬高及浪高的影响;在寒冷地区还应考虑冰塞壅水对水位增高的影响。

3 大、中桥桥头引道(在洪水泛滥范围内)的按设计高程推算的路基最低侧边缘高程,应高于该桥设计洪水位(并包括壅水和浪高)至少0.50m;小桥涵附近的路基最低侧边缘高程应高于桥(涵)前壅水水位至少0.50m(不计浪高)。

4 城市周边地区的公路路基设计洪水频率应结合城市防洪标准,考虑救灾通道、排洪和泄洪需求综合确定。

8.2 纵坡

8.2.1 公路的最大纵坡应不大于表8.2.1的规定,并应符合下列规定:

表 8.2.1　最 大 纵 坡

设计速度（km/h）	120	100	80	60	40	30	20
最大纵坡（%）	3	4	5	6	7	8	9

1　设计速度为120km/h、100km/h、80km/h的高速公路，受地形条件或其他特殊情况限制时，经技术经济论证，最大纵坡可增加1%。

2　改扩建公路设计速度为40km/h、30km/h、20km/h的利用原有公路的路段，经技术经济论证，最大纵坡可增加1%。

3　四级公路位于海拔2 000m以上或积雪冰冻地区的路段，最大纵坡不应大于8%。

8.2.2　设计速度小于或等于80km/h位于海拔3 000m以上高原地区的公路，最大纵坡应按表8.2.2的规定予以折减。最大纵坡折减后小于4%时应采用4%。

表 8.2.2　高原纵坡折减值

海拔高度（m）	3 000~4 000	4 000~5 000	5 000以上
纵坡折减（%）	1	2	3

8.2.3　公路纵坡不宜小于0.3%。横向排水不畅的路段或长路堑路段，采用平坡（0%）或小于0.3%的纵坡时，其边沟应进行纵向排水设计。

8.2.4　桥上及桥头路线的纵坡应符合下列规定：

1　小桥处的纵坡应随路线纵坡设计。

2　桥梁及其引道的平、纵、横技术指标应与路线总体布设相协调，各项技术指标应符合路线布设的规定。大、中桥上的纵坡不宜大于4%，桥头引道纵坡不宜大于5%，引道紧接桥头部分的线形应与桥上线形相配合。

3　易结冰、积雪的桥梁，桥上纵坡宜适当减小。

4　位于城镇混合交通繁忙处的桥梁，桥上及桥头引道纵坡均不得大于3%。

8.2.5　隧道及其洞口两端路线的纵坡应符合下列规定：

1　隧道内的纵坡应大于0.3%并小于3%，但短于100m的隧道不受此限。

2　高速公路、一级公路的中、短隧道，当条件受限制时，经技术经济论证后，最大纵坡可适当加大，但不宜大于4%。

3　隧道内的纵坡宜设置成单向坡；地下水发育的隧道及特长、长隧道宜采用人字坡。

8.2.6　位于城镇附近且非汽车交通量较大的路段，其纵坡可根据具体情况适当放缓。

8.3 坡长

8.3.1 公路纵坡的最小坡长应符合表 8.3.1 的规定。

表 8.3.1 最 小 坡 长

设计速度（km/h）	120	100	80	60	40	30	20
最小坡长（m）	300	250	200	150	120	100	60

8.3.2 各级公路的最大坡长应符合表 8.3.2 的规定。

表 8.3.2 不同纵坡的最大坡长（m）

设计速度（km/h）		120	100	80	60	40	30	20
纵坡坡度（%）	3	900	1 000	1 100	1 200	—	—	—
	4	700	800	900	1 000	1 100	1 100	1 200
	5	—	600	700	800	900	900	1 000
	6	—	—	500	600	700	700	800
	7	—	—	—	—	500	500	600
	8	—	—	—	—	300	300	400
	9	—	—	—	—	—	200	300
	10	—	—	—	—	—	—	200

8.3.3 各级公路的连续上坡路段，应根据载重汽车上坡时的速度折减变化，在不大于表 8.3.2 规定的纵坡长度之间设置缓和坡段。其设置应符合下列规定：

1 设计速度小于或等于 80km/h 时，缓和坡段的纵坡应不大于 3%；设计速度大于 80km/h 时，缓和坡段的纵坡应不大于 2.5%。

2 缓和坡段的长度应大于表 8.3.1 的规定。

8.3.4 二级公路、三级公路、四级公路的越岭路线连续上坡或下坡路段，相对高差为 200～500m 时，平均纵坡应不大于 5.5%；相对高差大于 500m 时，平均纵坡应不大于 5%。任意连续 3km 路段的平均纵坡宜不大于 5.5%。

8.3.5 高速公路、一级公路连续长、陡下坡路段的平均坡度与连续坡长不宜超过表 8.3.5 的规定；超过时，应进行交通安全性评价，提出路段速度控制和通行管理方案，完善交通工程和安全设施，并论证增设货车强制停车区。

表 8.3.5 连续长、陡下坡的平均坡度与连续坡长

平均坡度（%）	<2.5	2.5	3.0	3.5	4.0	4.5	5.0	5.5	6.0
连续坡长（km）	不限	20.0	14.8	9.3	6.8	5.4	4.4	3.8	3.3
相对高差（m）	不限	500	450	330	270	240	220	210	200

8.4 爬坡车道

8.4.1 四车道高速公路、四车道一级公路以及二级公路连续上坡路段，符合下列情况之一时，宜在上坡方向行车道右侧设置爬坡车道：

1 沿连续上坡方向载重汽车的运行速度降低到表 8.4.1 的容许最低速度以下。

表 8.4.1　上坡方向容许最低速度

设计速度（km/h）	120	100	80	60	40
容许最低速度（km/h）	60	55	50	40	25

2 单一纵坡坡长超过表 8.3.2 的规定或上坡路段的设计通行能力小于设计小时交通量。

3 经设置爬坡车道与改善主线纵坡不设爬坡车道技术经济比较论证，设置爬坡车道的效益费用比、行车安全性较优。

8.4.2 爬坡车道的超高坡度应符合表 8.4.2 的规定。超高横坡的旋转轴应为爬坡车道内侧边缘线。

表 8.4.2　爬坡车道的超高值

主线的超高坡度（%）	10	9	8	7	6	5	4	3	2
爬坡车道的超高坡度（%）	5	5	4	4	4	4	4	3	2

8.4.3 爬坡车道的曲线加宽值应采用一个车道曲线加宽的规定。

8.4.4 高速公路、一级公路爬坡车道长度大于 500m 时，应按照规定在其右侧设置紧急停车带。

8.4.5 爬坡车道起、终点与长度的确定应符合下列规定：

1 爬坡车道的起点，应设于陡坡路段上载重汽车运行速度降低至表 8.4.1 中"容许最低速度"处。

2 爬坡车道的终点，应设于载重汽车爬经陡坡路段后恢复至"容许最低速度"处，或陡坡路段后延伸的附加长度的端部。该陡坡路段后延伸的附加长度应符合表 8.4.5-1 的规定。

3 相邻两爬坡车道相距较近时，宜将两爬坡车道直接相连。

表 8.4.5-1　陡坡路段后延伸的附加长度

附加段纵坡（%）	下坡	平坡	上坡			
			0.5	1.0	1.5	2.0
附加长度（m）	100	150	200	250	300	350

4 爬坡车道起、终点处应按设置分流、汇流渐变段，其长度应符合表 8.4.5-2 的规定。

表 8.4.5-2 爬坡车道分流、汇流渐变段长度

公路技术等级	分流渐变段长度（m）	汇流渐变段长度（m）
高速公路、一级公路	100	150~200
二级公路	50	90

8.5 合成坡度

8.5.1 公路最大合成坡度值不得大于表 8.5.1 的规定。

表 8.5.1 公路最大合成坡度

公路技术等级	高速公路、一级公路				二级公路、三级公路、四级公路				
设计速度（km/h）	120	100	80	60	80	60	40	30	20
合成坡度值（%）	10.0	10.0	10.5	10.5	9.0	9.5	10.0	10.0	10.0

8.5.2 当陡坡与小半径平曲线相重叠时，宜采用较小的合成坡度。下列情况其合成坡度必须小于 8%：

1 冬季路面有结冰、积雪的地区；
2 自然横坡较陡峻的傍山路段；
3 非汽车交通量较大的路段。

8.5.3 各级公路最小合成坡度不宜小于 0.5%。在超高过渡的变化处，合成坡度不应设计为 0%。当合成坡度小于 0.5% 时，应采取综合排水措施，保证路面排水畅通。

8.6 竖曲线

8.6.1 公路纵坡变更处应设置竖曲线，竖曲线可采用圆曲线或抛物线，其竖曲线最小半径与竖曲线长度应符合表 8.6.1 的规定。

表 8.6.1 竖曲线最小半径与竖曲线长度

设计速度（km/h）		120	100	80	60	40	30	20
凸形竖曲线半径（m）	一般值	17 000	10 000	4 500	2 000	700	400	200
	极限值	11 000	6 500	3 000	1 400	450	250	100
凹形竖曲线半径（m）	一般值	6 000	4 500	3 000	1 500	700	400	200
	极限值	4 000	3 000	2 000	1 000	450	250	100
竖曲线长度（m）	一般值	250	210	170	120	90	60	50
	极限值	100	85	70	50	35	25	20

注：表中所列"一般值"为正常情况下的采用值；"极限值"为条件受限制时，经技术经济论证后的采用值。

9 线形设计

9.1 一般规定

9.1.1 公路线形设计应做好平面、纵断面、横断面三者间的组合，并同自然环境相协调。

9.1.2 线形设计除应符合行驶力学要求外，尚应考虑用路者的视觉、心理与生理方面的要求，提高汽车行驶的安全性、舒适性与经济性。

9.1.3 线形设计的要求与内容应随公路功能和设计速度的不同而各有侧重，并应符合下列要求：

1 高速公路和承担干线功能的一级、二级公路，应注重立体线形设计，做到线形连续、指标均衡、视觉良好、景观协调、安全舒适。设计速度愈高，线形设计组合所考虑的因素应愈周全。

2 承担集散功能的一级、二级公路，应根据混合交通情况确定公路横断面布置设计，并注重路线交叉等处的线形设计组合，保障通视良好，行驶通畅、安全。

3 设计速度小于或等于40km/h的双车道公路，在保证行驶安全的前提下，应正确地运用线形要素的规定值，合理地组合各线形要素，或采取设置相应交通工程设施等技术措施，充分发挥投资效益。

4 遵循以设计路段确定公路技术等级、设计速度的原则，其设计路段的长度不宜过短，且线形技术指标应保持相对均衡。

5 不同设计路段相衔接处前后的平、纵、横技术指标，应随设计速度由高向低（或反之）而逐渐由大向小（或反之）变化，使行驶速度自然过渡。相衔接处附近不宜采用该路段设计速度的最小或最大平、纵技术指标值。

9.1.4 路线交叉前后的线形应选用较高的平、纵技术指标，使之具有较好的通视条件。

9.1.5 各级公路均应采用运行速度方法，对平、纵线形组合设计、技术指标的协调性和一致性、视距以及路线视觉连续性等进行检验，依此优化线形设计、调整技术指标、完善交通工程与安全设施。

9.2 平面线形设计

9.2.1 平面线形设计应符合下列要求：

1 平面线形应直捷、连续、均衡，并与地形相适应，与周围环境相协调。
2 受条件限制采用长直线时，应结合具体情况采用相应的技术措施。
3 连续的圆曲线间应采用适当的曲线半径比。
4 各级公路不论转角大小均应敷设曲线，并宜选用较大的圆曲线半径。转角过小时，不应设置较短的圆曲线。
5 两同向圆曲线间应设有足够长度的直线；两反向圆曲线间不应设置短直线。
6 六车道及以上的高速公路和作为干线的一级公路，同向或反向圆曲线间插入的直线长度，应符合路基外侧边缘超高过渡渐变率的规定。
7 设计速度小于或等于40km/h的双车道公路，两相邻反向圆曲线无超高时可径相衔接，无超高有加宽时应设置长度不小于10m的加宽过渡段；两相邻反向圆曲线设有超高时，地形条件特殊困难路段的直线长度不得小于15m。
8 设计速度小于或等于40km/h的双车道公路，应避免连续急弯的线形。地形条件特殊困难不得已而设置时，应在曲线间插入规定长度的直线或回旋线。

9.2.2 直线的运用应符合下列要求：

1 直线的运用应注意同地形、环境的协调与配合。采用直线线形时，其长度不宜过长。
2 农田、河渠规整的平坦地区、城镇近郊规划等以直线条为主体时，宜采用直线线形。
3 特长、长隧道或结构特殊的桥梁等构造物所处的路段，以及路线交叉点前后的路段宜采用直线线形。
4 双车道公路为超车所提供的路段宜采用直线线形。

9.2.3 圆曲线的运用应符合下列要求：

1 设置圆曲线时应与地形相适应，宜采用超高为2%~4%对应的圆曲线半径。
2 条件受限制时，可采用大于或接近于圆曲线最小半径的"一般值"；地形条件特殊困难而不得已时，方可采用圆曲线最小半径的"极限值"，并应采取措施保证视距的要求。
3 设置圆曲线时，应同相衔接路段的平、纵线形要素相协调，使之构成连续、均衡的曲线线形，避免小半径圆曲线与陡坡相重合的线形。
4 当交点转角不得已小于7°时，应按规定设置足够长的曲线。

9.2.4 回旋线的运用应符合下列要求：

1 设计速度大于或等于60km/h时，回旋线应作为线形要素之一加以运用。回旋线—圆曲线—回旋线的长度以大致接近为宜。两个回旋线的参数值亦可以根据地形条件设计成非对称的曲线，但$A_1:A_2$不应大于2.0。

2 回旋线参数宜依据地形条件及线形要求确定，并与圆曲线半径相协调。在确定回旋线参数时，宜在下述范围内选定：$R/3 \leq A \leq R$，但：

1）当R小于100m时，A宜大于或等于R。

2）当R接近于100m时，A宜等于R。

3）当R较大或接近于3 000m时，A宜等于$R/3$。

4）当R大于3 000m时，A宜小于$R/3$。

3 两反向圆曲线径相衔接或插入的直线长度不足时，可用回旋线将两反向圆曲线连接组合为S形曲线。

1）S形曲线的两回旋线参数A_1与A_2宜相等。

2）当采用不同的回旋线参数时，A_1与A_2之比应小于2.0，有条件时以小于1.5为宜。当$A_2 \leq 200$时，A_1与A_2之比应小于1.5。

3）两圆曲线半径之比不宜过大，以$R_1/R_2 \leq 2$为宜（R_1为大圆曲线半径，R_2为小圆曲线半径）。

4 两同向圆曲线径相衔接或插入的直线长度不足时，可用回旋线将两同向圆曲线连接组合为卵形曲线。

1）卵形曲线的回旋线参数宜选$R_2/2 \leq A \leq R_2$（R_2为小圆曲线半径）。

2）两圆曲线半径之比，以$R_2/R_1 = 0.2 \sim 0.8$为宜。

3）两圆曲线的间距，以$D/R_2 = 0.003 \sim 0.03$为宜（D为两圆曲线间的最小间距）。

5 受地形条件限制时，可将两同向回旋线在曲率相同处径相衔接而组合为凸形曲线。凸形曲线只有在路线严格受地形限制，且对接点的曲率半径相当大时方可采用。

1）凸形曲线的回旋线参数及其对接点的曲率半径，应分别符合容许最小回旋线参数和圆曲线最小半径的规定。

2）对接点附近的$0.3v$（以m计；其中v为设计速度，按km/h计）长度范围内，应保持以对接点的曲率半径确定的路拱横坡度。

6 受地形条件或其他特殊情况限制时，可将两同向圆曲线的回旋线曲率为零处径相衔接而组合为C形曲线。C形曲线仅限于地形条件特殊困难，路线严格受限制时方可采用。

7 受地形条件限制时，大半径圆曲线与小半径圆曲线相衔接处，可采用两个或两个以上同向回旋线在曲率相同处径相连接而组合为复合曲线。复合曲线的两个回旋线参数之比以小于1.5为宜。复合曲线在受地形条件限制，或互通式立体交叉的匝道设计中可采用。

9.3 纵面线形设计

9.3.1 纵面线形设计应符合下列要求：

1 纵面线形应平顺、圆滑、视觉连续，并与地形相适应，与周围环境相协调。

2 纵坡设计应考虑填挖平衡，并利用挖方就近作为填方，以减轻对自然地面横坡与环境的影响。

3 相邻纵坡之代数差小时，应采用大的竖曲线半径。

4 连续设置长、陡纵坡的路段，上坡方向应满足通行能力的要求，下坡方向应考虑行车安全，并结合前后路段各技术指标设置情况，采用运行速度对连续上坡方向的通行能力及下坡方向的行车安全性进行检验。

5 路线交叉处前后的纵坡应平缓。

6 位于积雪冰冻地区的公路，应避免采用陡坡。

9.3.2 纵坡值的运用应符合下列要求：

1 纵断面线形设计时应充分结合沿线地形等条件，宜采用平缓的纵坡，最小纵坡不宜小于0.3%。对于采用平坡或小于0.3%的纵坡路段，应进行专门的排水设计。

2 各级公路不宜采用最大纵坡值和不同纵坡最大坡长值，只有在为争取高度利用有利地形，或避开工程艰巨地段等不得已时，方可采用。

9.3.3 纵坡设计应符合下列要求：

1 平原地形的纵坡应均匀、平缓。

2 丘陵地形的纵坡应避免过分迁就地形而起伏过大。

3 越岭线的纵坡应力求均匀，不宜采用最大值或接近最大值的坡度，更不宜连续采用不同纵坡最大坡长值的陡坡夹短距离缓坡的纵坡线形。

4 山脊线和山腰线，除结合地形不得已时采用较大的纵坡外，在可能条件下应采用平缓的纵坡。

9.3.4 竖曲线设计应符合下列要求：

1 设计速度大于或等于60km/h的公路，竖曲线设计宜采用长的竖曲线和长直线坡段的组合。有条件时宜采用大于或等于表9.3.4所列视觉所需要的竖曲线半径值。

表9.3.4 视觉所需要的最小竖曲线半径值

设计速度（km/h）	竖曲线半径（m）	
	凸形	凹形
120	20 000	12 000
100	16 000	10 000
80	12 000	8 000
60	9 000	6 000

2 竖曲线应选用较大的半径。当条件受限制时，宜采用大于或接近于竖曲线最小半径的"一般值"；地形条件特殊困难而不得已时，方可采用竖曲线最小半径的"极限值"。

3 同向竖曲线间，特别是同向凹形竖曲线之间，直线坡段接近或达到最小坡长时，宜合并设置为单曲线或复曲线。

4 双车道公路在有超车需求的路段，应考虑超车视距要求，采用较大的凸形竖曲线半径或设置必要的标志、标线等设施。

9.4 横断面设计

9.4.1 公路横断面设计应最大限度地降低路堤高度，减小对沿线生态的影响，保护环境，使公路融入自然。条件受限制不得已而出现高填、深挖时，应同桥梁、隧道、分离式路基等方案进行论证比选。

9.4.2 路基横断面布设应结合沿线地面横坡、自然条件、工程地质条件等进行设计。自然横坡较缓时，以整体式路基横断面为宜。横坡较陡、工程地质复杂时，高速公路宜采用分离式路基横断面。

9.4.3 整体式路基的中间带宽度宜保持等值。当中间带的宽度根据需要增宽或减窄时，应采用左右分幅线形设计。条件受限制，且中间带宽度变化小于3.0m时，可采用渐变过渡，过渡段的渐变率不应大于1/100。

9.4.4 整体式路基分为分离式路基或分离式路基汇合为整体式路基时，其中间带的宽度增宽或减窄时，应设置过渡段。其过渡段以设置在圆曲线半径较大的路段为宜。

9.4.5 公路横断面设计应注重路侧安全，做好中间带、加（减）速车道、路肩以及渠化、左（右）转弯车道、交通岛等各组成部分的细节设计。在有条件的地区或路段，积极采用宽中央分隔带、低路基、缓边坡、宽浅边沟等断面形式。

9.4.6 中间带的设计应符合下列要求：

1 中央分隔带形式：中央分隔带宽度大于或等于3.0m时宜用凹形；中央分隔带宽度小于3.0m时可采用凸形；对于存在风沙和风雪影响的路段，宜采用平齐式。

2 中央分隔带缘石：中央分隔带宽度大于或等于3.0m、或存在风沙和风雪影响的路段，宜采用平齐式；中央分隔带宽度小于3.0m时可采用平齐式或斜式。高速公路、一级公路中央分隔带不得采用栏式缘石。

3 中央分隔带表面处理：中央分隔带宽度大于或等于3.0m时宜植草皮；中央分隔带宽度小于3.0m时可栽灌木或铺面封闭。

9.4.7 公路横断面范围内的排水设计应自成体系、满足功能要求。设置在紧靠车道的边沟，其断面宜采用浅碟形或漫流等方式；当采用矩形或梯形边沟时，应加盖板。

9.4.8 冬季积雪路段、工程地质病害严重路段等可适当加宽路基，改善行车条件。

9.5 线形组合设计

9.5.1 线形组合设计应遵循下列原则：

1 线形组合设计中，各技术指标除应分别符合平面、纵断面规定值外，还应考虑横断面对线形组合与行驶安全的影响。应避免平面、纵断面、横断面的最不利值相互组合的设计。

2 在确定平面、纵断面的各相对独立技术指标时，各自除应相对均衡、连续外，还应考虑与之相邻路段的各技术指标值的均衡、连续。

3 线形组合设计除应保持各要素间内部的相对均衡与变化节奏的协调外，还应注意同公路外部沿线自然景观的适应和地质条件等的配合。

4 路线线形应能自然地诱导驾驶者的视线，并保持视线的连续性。

9.5.2 线形组合设计应符合下列要求：

1 平、纵线形宜相互对应，且平曲线宜比竖曲线长。当平、竖曲线半径均较小时，其相互对应程度应较严格；随着平、竖曲线半径的同时增大，其对应程度可适当放宽；当平、竖曲线半径均大时，可不严格相互对应。

2 长直线不宜与坡陡或半径小且长度短的竖曲线组合。

3 长的平曲线内不宜包含多个短的竖曲线；短的平曲线不宜与短的竖曲线组合。

4 半径小的圆曲线起、讫点，不宜接近或设在凸形竖曲线的顶部或凹形竖曲线的底部。

5 长的竖曲线内不宜设置半径小的平曲线。

6 凸形竖曲线的顶部或凹形竖曲线的底部，不宜同反向平曲线的拐点重合。

7 复曲线、S形曲线中的左转圆曲线不设超高时，应采用运行速度对其安全性予以验算。

8 应避免在长下坡路段、长直线路段或大半径圆曲线路段的末端接小半径圆曲线的组合。

9.5.3 设计速度大于或等于60km/h的公路，应注重路线平、纵线形组合设计。设计速度小于或等于40km/h的公路，可参照上述要求执行。

9.5.4 六车道及以上的高速公路，应重视直、曲线（含平、纵面）间的组合与搭配，在曲线间设置足够长的回旋线或直线，使其衔接过渡顺适，路面排水良好。

9.5.5 在高填方路段设置平曲线时，宜采用较大半径的圆曲线，并设置具有诱导功能的交通设施。

9.6 线形与桥、隧的配合

9.6.1 桥头引道与桥梁线形设计应符合下列要求：

1 桥梁及其引道的位置、线形应与路线线形相协调，使之视野开阔，视线诱导良好。各项技术指标应符合路线布设与总体设计的相关规定。

2 高速公路、一级公路和承担干线功能的二级公路上的桥梁线形应与路线线形相协调，且连续、流畅。

3 桥梁、涵洞等人工构筑物同路基的衔接，其平、纵线形应符合路线布设的有关规定。

9.6.2 隧道洞口连接线与隧道线形设计应符合下列要求：

1 隧道的位置与隧道洞口连接线应与路线线形相协调，以利行车的安全与舒适。各项技术指标应符合路线布设与总体设计的相关规定。

2 当设置曲线隧道时，宜采用不设超高的平曲线半径；受条件限制需采用设超高的平曲线时，其超高值不宜大于4%，并需对停车视距进行验算，避免采用需加宽的平曲线半径。

3 隧道洞口外连接线应与隧道洞口内线形相协调，隧道洞口内外侧各3s设计速度行程长度范围的平、纵面线形应一致。特殊困难路段，经技术经济比较论证后，洞口内外平曲线可采用回旋曲线，但应加强线形诱导设施。洞口的纵面线形宜采用直线坡段，需设置竖曲线时，宜采用较大的竖曲线半径。

4 高速公路、一级公路上的隧道分为上、下行分离的双洞时，其洞口连接线的布设应与路线整体线形相协调，并就近在适宜位置设置联络车道。

5 隧道洞口同路基的衔接应符合路线布设的有关规定；隧道内外路基宽度不一致时，应在隧道进口外设置不小于3s设计速度行程长度的过渡段，且过渡段的最小长度不应小于50m。

9.7 线形与沿线设施的配合

9.7.1 线形设计应考虑收费站、服务区、停车区、客运汽车停靠站等沿线设施布设的要求。

9.7.2 主线收费站范围内路线宜为直线或不设超高的曲线，不应将收费站设置在凹形竖曲线的底部或连续下坡的中底部。

9.7.3 路线设计时应考虑标志、标线的设置；交通安全设施应与路线同步设计，充分体现路线设计意图。路侧设计受限制的路段，应合理设置相应防护设施。

9.8 线形与环境的协调

9.8.1 线形设计应充分考虑到速度对视觉的影响，设计速度高的公路，线形设计和周围环境配合的要求应更高。

9.8.2 公路线形应充分利用地形、自然风景，尽量少改变周围的地貌、地形、天然森林、建筑物等景观，使公路与自然融为一体，最大限度地保护环境。

9.8.3 公路防护工程应采用工程防护与生态防护相结合的方式，减少对自然景观的影响，加大恢复力度，使公路工程与自然环境相和谐。

9.8.4 宜适当放缓路堑边坡或将边坡的变坡点修整圆滑，使其接近于自然地面，增进路容美观。

9.8.5 公路两侧的绿化应作为诱导视线、点缀风景以及改造环境的一种措施而进行专门设计。

10 公路与公路平面交叉

10.1 一般规定

10.1.1 平面交叉设置应满足下列条件：

1 平面交叉应根据相交公路的功能、技术等级、区域路网的现状和规划，以及交叉区域地形、地貌条件等合理设置。

2 一级公路、二级公路、三级公路、四级公路之间相互交叉时，平面交叉设置应符合表10.1.1的规定。

表10.1.1 平面交叉的设置要求

被交叉公路	公路主线				
	一级公路（干线）	一级公路（集散）	二级公路（干线）	二级公路（集散）	三级、四级公路
一级公路（干线）	严格限制	—	—	—	—
一级公路（集散）	严格限制	限制	—	—	—
二级公路（干线）	严格限制	限制	限制	—	—
二级公路（集散）	严格限制	限制	限制	允许	—
三级、四级公路	严格限制	限制	限制	允许	允许

10.1.2 平面交叉设计应遵循下列原则：

1 平面交叉位置的选择应综合考虑公路网现状和规划、地形、地物和地质条件、经济与环境因素等，宜选择在地形平坦、视野开阔处。

2 平面交叉选型应综合考虑相交公路功能、技术等级、交通量、交通管理方式、用地条件和工程造价等因素，选用主要公路或主要交通流畅通、冲突点少、冲突区小的形式。

3 平面交叉几何设计应结合交通管理方式并考虑相关设施的布置。

4 平面交叉范围内相交公路线形的技术指标应能满足视距的要求。

5 相交公路在平面交叉范围内的路段宜采用直线；当采用曲线时，其半径宜大于不设超高的圆曲线半径。纵面应力求平缓，并符合视觉所需的最小竖曲线半径值。

6 平面交叉设计应以预测的交通量为基本依据。设计所采用的交通量应为设计小时交通量。

7 平面交叉处行人穿越岔路口的设施应根据行人流量、公路技术等级和交通管理方式等设置人行横道、人行天桥或人行通道。

8　平面交叉的几何设计应与标志、标线和信号设施一并考虑，统筹布设。视距不良的小型平面交叉，可根据具体情况设置反光镜。

9　平面交叉改建时，除应收集交通量以外，还应调查交通延误以及交通事故的数量、程度、原因等现有交叉的使用状况。

10　平面交叉设计应满足相交公路对应设计车辆的通行要求。有特殊通行需求时，应根据实际通行车型，对平面交叉口的通行条件进行检验。

10.1.3　平面交叉根据相交公路的功能、等级、交通量等可分别采用主路优先交叉、无优先交叉或信号交叉三种不同的交通管理方式，并应符合下列规定：

1　公路功能、等级、交通量有明显差别的两条公路相交，或交通量较大的T形交叉，应采用主路优先交叉交通管理方式。

2　两条相交公路或多条交叉岔路的等级均低且交通量较小时，应采用无优先交叉交通管理方式。

3　下述交叉应采用信号交叉交通管理方式：

1）两条交通量均大，且功能、等级相同的公路相交，难以用"主路优先"的规则管理时；

2）两相交公路虽有主次之别，但交通量均较大（主要公路双向交通量大于或等于750辆/h，次要公路单向交通量大于或等于300辆/h），采用"主路优先"交通管理方式会出现较频繁的交通事故和过分的交通延误时；

3）主要公路交通量相当大（主要公路双向交通量大于或等于900辆/h），而次要公路尽管交通量不大，但采用"主路优先"交通管理方式，次要公路上的车辆由于难以遇到可供驶入的主流间隙而引起不可接受的交通延误，或出现冒险驶入长度不足的主流间隙而危及安全时；

4）两相交公路的交通量虽未达到上述程度，但由于有相当数量的行人和非机动车穿越交叉而引起交通延误，甚至造成阻塞或交通事故时；

5）环形交叉的入口因交通量大而出现过多的交通延误时；

6）位于城镇路段的平面交叉。

10.1.4　平面交叉设计速度的确定应符合下列规定：

1　平面交叉范围内主要公路的设计速度，宜与路段设计速度相同。

2　两相交公路的功能、等级相同或交通量相近时，平面交叉范围内的直行车道的设计速度可适当降低，但不应低于路段的70%。

3　次要公路因交角等原因改线，或因条件受限采用较低的线形指标时，可适当降低设计速度。

4　转弯车道的设计速度应根据路段设计速度、交通量、交叉类型、交通管理方式和用地情况等因素综合确定。

10.1.5 平面交叉交角与岔数的确定应符合下列规定：

1 平面交叉的交角宜为直角。斜交时，其锐角应不小于70°；受地形条件或其他特殊情况限制时，应大于45°。

2 平面交叉岔数不应多于四条；岔数多于四条时应采用环形交叉。

3 环形交叉的岔数不宜多于五条，有条件实行"入口让路"规则管理时，应采用"入口让路"环形交叉。

4 新建公路不应直接与已建的四岔或四岔以上的平面交叉相连接。

10.1.6 二级及二级以上公路的平面交叉必须进行渠化设计；三级公路的平面交叉应进行渠化设计；四级公路的平面交叉宜进行渠化设计。渠化设计应根据交叉形式、交通管理方式以及转向交通量、设计速度等因素，采用加铺转角、加宽路口、设置转弯车道和交通岛等方式。

10.1.7 平面交叉间距的控制应符合下列规定：

1 平面交叉的间距应根据公路功能、技术等级，及其对行车安全、通行能力和交通延误的影响确定。

2 一级公路、二级公路的平面交叉最小间距应符合表10.1.7的规定。

表10.1.7 平面交叉最小间距

公路技术等级	一级公路			二级公路	
公路功能	干线公路		集散公路	干线公路	集散公路
	一般值	最小值			
间距（m）	2 000	1 000	500	500	300

3 一级公路、二级公路作为干线公路时，应优先保证干线公路的畅通，采取排除纵、横向干扰的措施，平面交叉应保持足够大的间距，必要时可设置立体交叉。

4 一级公路、二级公路作为集散公路时，应合理设置平面交叉，通过支路合并等措施，减少平面交叉的数量。

10.1.8 平面交叉设计服务水平应符合下列规定：

1 承担干线功能的一级公路平面交叉的设计服务水平应不低于三级；承担集散功能的一级公路及二级公路、三级公路平面交叉的设计服务水平应不低于四级。

2 三级及三级以上公路的平面交叉应对通行能力和服务水平进行分析和检验。

10.2 平面交叉处公路的线形

10.2.1 平面线形设计应符合下列规定：

1 平面交叉范围内两相交公路应正交或接近正交，平面线形宜为直线或大半径圆曲线，不宜采用需设超高的圆曲线。

2 新建公路与等级较低的既有公路交角小于70°时，应对次要公路在交叉前后一定范围实施局部改线。

10.2.2 纵面线形设计应符合下列规定：

1 平面交叉范围内，两相交公路的纵面宜平缓。纵面线形应满足停车视距的要求。

2 主要公路在交叉范围内的纵坡应在0.15%～3%的范围内；次要公路紧接交叉的引道部分应以0.5%～2%的上坡通往交叉。

3 主要公路在交叉范围内的圆曲线设置超高时，次要公路的纵坡应服从主要公路的横坡。

10.2.3 立面设计应符合下列规定：

1 平面交叉的两相交公路共有部分的立面形式及其引道横坡，应根据两相交公路的功能、等级、平纵线形、交通管理方式等因素而定。采用"主路优先"交通管理方式的交叉，应使主要公路的横断面贯穿交叉，而调整次要公路的纵断面以适应主要公路的横断面；当调整纵断面有困难时，应同时调整两公路的横断面。

2 分隔的右转弯车道或右转弯附加路面上，各处的高程和横坡应满足相交公路共有部分及其相邻局部段落的岔路的立面、转弯曲线所需的超高、整个交叉范围内的路面排水和路容的需要。

3 平面交叉范围内的路面排水应流畅，并以此作为立面设计的主要考虑因素之一。包括隐形岛在内的任何部分的路面上不得有积水。

10.3 视距

10.3.1 引道视距应符合下列规定：

1 每条岔路上都应提供与行驶速度相适应的引道视距，如图10.3.1所示。

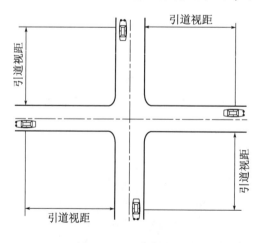

图10.3.1 引道视距

2 引道视距在数值上等于停车视距，但量取标准为：视点高 1.2m，物高 0m。各种设计速度所对应的引道视距及凸形竖曲线的最小半径应符合表 10.3.1 的规定。

表 10.3.1 引道视距及相应的凸形竖曲线最小半径

设计速度（km/h）	100	80	60	40	30	20
引道视距（m）	160	110	75	40	30	20
引道凸形竖曲线最小半径（m）	10 700	5 100	2 400	700	400	200

10.3.2 通视三角区的视距应符合下列规定：

1 两相交公路间，由各自停车视距所组成的三角区内不得存在任何有碍通视的物体，如图 10.3.2-1 所示。

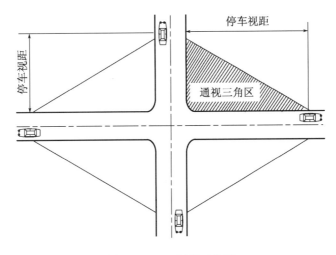

图 10.3.2-1 通视三角区

2 条件受限制不能保证由停车视距所构成的通视三角区时，应保证主要公路的安全交叉停车视距和次要公路至主要公路边车道中心线 5～7m 所组成的通视三角区，如图 10.3.2-2 所示。安全交叉停车视距值应符合表 10.3.2 的规定。

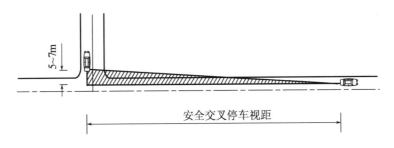

图 10.3.2-2 安全交叉停车视距通视三角区

表 10.3.2 安全交叉停车视距

设计速度（km/h）	100	80	60	40	30	20
停车视距（m）	160	110	75	40	30	20
安全交叉停车视距（m）	250	175	115	70	55	35

10.4 转弯设计

10.4.1 平面交叉转弯曲线的线形及路幅宽度应根据设计车辆的转弯行迹确定。

10.4.2 转弯曲线所采用的设计车辆及设计速度应符合下列规定：

1　各级公路应根据对应设计车辆的行迹进行转弯设计，必要时应对弯道的路面加宽、转向净空等进行检验。

2　左转弯曲线应采用载重汽车的行迹控制设计，转弯设计速度宜采用5～15km/h。大型车比例很少或条件受限的公路，可采用5km/h速度时载重汽车的行迹控制设计，但左转弯内缘曲线的最小半径不应小于12.5m。

3　设置分隔的右转弯车道时，其转弯设计速度不宜大于40km/h；当主要公路设计速度小于或等于60km/h时，其右转弯设计速度不宜低于其50%。公路技术等级低、交通量不大时，可不设右转弯专用行车道。

10.4.3 转弯路面内缘的最小圆曲线半径和线形应符合下列规定：

1　载重汽车在各种转弯速度情况下，路面内缘的最小圆曲线半径应根据转弯速度按表10.4.3确定。

表10.4.3　路面内缘的最小半径

转弯速度（km/h）	≤15	20	25	30	40	50	60	70
最小半径（m）	15	20（15）	25（20）	30	45	60	75	90
最小超高（%）	2	2	2	2	3	4	5	6
最大超高（%）					一般值：6，极限值：8			

注：条件受限制时可采用括号内的值。

2　转弯路面边缘线形应符合车辆转弯时的行迹，其设计应符合下列规定：

1）渠化平面交叉的右转弯车道，其内侧路面边缘应采用三心圆复曲线；左转弯内侧路面边缘以一单圆曲线来控制分隔岛端的边缘线。

2）当按铰接列车设计时，路面边缘可采用符合转弯行迹的复曲线。

3）非渠化平面交叉的转弯路面边缘可采用半径15m的圆曲线。

10.5　附加车道及交通岛

10.5.1 右转弯附加车道设计应符合下列规定：

1　主要公路设计速度大于或等于60km/h时，应在主要公路上增设减速分流车道和加速汇流车道。

2　两条一级公路相交或一级公路与交通量大的二级公路相交时，其右转弯运行应设置经渠化分隔的右转弯车道。

3 一级公路、二级公路的平面交叉中，符合下列情况之一时应设置右转弯车道：

1）斜交角接近于70°的锐角象限；

2）交通量较大，右转弯交通会引起不合理的交通延误；

3）右转弯车流中大型车比例较大；

4）右转弯行驶速度大于30km/h；

5）互通式立体交叉连接线中的平面交叉右转弯交通量较大。

10.5.2 左转弯车道设计应符合下列规定：

1 四车道公路除左转交通量很小且对直行交通不造成阻碍或延误者外，均应在平面交叉范围内设置左转弯车道。

2 二级公路符合下列情况之一时，应设置左转弯车道：

1）与高速公路或一级公路互通式立体交叉连接线相交的平面交叉；

2）非机动车较多且未设置慢车道的平面交叉；

3）左转弯交通会引起交通拥阻或交通事故。

3 左转弯车道应由渐变段、减速段和等候段组成。左转弯等候段长度应不小于30m。当左转弯交通量很小时，可不考虑等候长度。

10.5.3 变速车道设计应符合下列规定：

1 变速车道的长度应根据相交公路类别、设计速度和变速条件等，按表10.5.3-1确定。

表10.5.3-1 变速车道长度

公路类别	设计速度（km/h）	减速车道长度（m）			加速车道长度（m）		
		末速（km/h）			始速（km/h）		
		0	20	40	0	20	40
主要公路	100	100	95	70	250	230	190
	80	60	50	32	140	120	80
	60	40	30	20	100	80	40
	40	20	10	—	40	20	—
次要公路	80	45	40	25	90	80	50
	60	30	20	10	65	55	25
	40	15	10	—	25	15	—
	30	10	—	—	10	—	—

注：表列变速车道长度不包括渐变段的长度。

2 变速车道渐变段设计应符合下列规定：

1）变速车道为等宽车道时，其长度应另增加表10.5.3-2所列的渐变段长度。

表10.5.3-2 渐变段长度

设计速度（km/h）	100	80	60	40
渐变段长度（m）	60	50	40	30

2）变速车道为非等宽渐变式时，其长度应不小于按减速时 1.0m/s 或加速时 0.6m/s 的侧移率变换车道的计算值。

3）公路的设计速度大于或等于 80km/h，且直行交通量较大时，右转弯变速车道应采用附渐变段的等宽车道；其他情况宜采用渐变式变速车道。

4）当直行车道的通行能力有富余，或条件受限制而难以设置应有长度的加速车道时，可采用较短的渐变式加速车道。

10.5.4 渠化平面交叉交通岛的设置应符合下列规定：

1 需专辟右转弯车道时应设置导流岛。
2 信号交叉中，左转弯为两条车道时，左转车道与同向直行车道间宜设置导流岛。
3 左转车道与对向直行车道间应设置分隔岛。
4 T 形交叉中，次要公路引道上的两左转弯行迹间应设置分隔岛。
5 对向行车道间需提供行人穿越的避险场所，或需设置标志、信号立柱时，应设置分隔岛。

10.5.5 交通岛的选型应符合下列规定：

1 当被交通岛分隔的车行道有不少于两条的车道，或虽为一条车道但设置绕避故障车辆的加宽时，或岛中需设置标志、信号柱时，应采用由缘石围成的实体岛。
2 岛的面积较小，或不需要，或不宜采用强行分隔时，宜采用在路面上由标线示出的隐形岛。
3 岛的面积较大时，宜采用由设置宽度不小于 0.5m 的路缘带的行车道围成的浅碟式岛。

10.6 平面交叉的改建

10.6.1 改建前应收集该交叉的交通管理方式、现状及预测交通量、几何构造、设施现状，以及交通事故的频度、性质、严重程度及其原因等使用情况，以确定相应改建方案。

10.6.2 通行能力不足或不能保证交通安全时，应采取下列改善措施：

1 增加引道的车道数，如增辟转弯车道、变速车道和非机动车道等。
2 完善渠化设计。
3 斜交角较大时，对部分岔路的平面线形作局部的改移。
4 改善视距。
5 改善引道纵面线形，并做好立面处理。
6 改善转弯曲线。
7 改变交通管理方式，完善或重新设置标志、标线和信号。

8 指定行人和非机动车的横穿位置或改善行人横穿设施，可增辟越路避险岛，建设天桥或通道等。

10.6.3 平面交叉密度较高的路段，除采取相应措施改善部分平面交叉外，必要时应通过调整路网中的局部节点，取消部分平面交叉，即截断次要公路或建分离式立体交叉。

10.6.4 采取多种措施仍不能满足通行能力或保证交通安全要求时，应考虑改建为互通式立体交叉。

11 公路与公路立体交叉

11.1 一般规定

11.1.1 公路与公路立体交叉分为互通式立体交叉和分离式立体交叉，设置立体交叉应符合下列规定：
1 高速公路与各级公路相交必须采用立体交叉。
2 一级公路同交通量大的其他公路交叉应采用立体交叉。
3 二级、三级公路间的交叉，直行交通量大时或有条件的地点宜采用立体交叉。

11.1.2 符合下列条件时应设置互通式立体交叉：
1 高速公路间及其同一级公路相交处。
2 高速公路、一级公路同通往县级以上城市、重要的政治或经济中心的主要公路相交处。
3 高速公路、一级公路同通往重要工矿区、港口、机场、车站和游览胜地等的主要公路相交处。
4 高速公路同通往重要交通源的公路相交而使该公路成为其支线。
5 承担干线功能的一级公路间及其与其他干线公路和集散公路相交。
6 一级公路上，当平面交叉的通行能力不能满足需要或出现频繁的交通事故。
7 由于地形或场地条件等原因设置互通式立体交叉的综合效益大于设置平面交叉。

11.1.3 符合下列条件时应设置分离式立体交叉：
1 高速公路同其他各级公路交叉，除因交通转换而设置互通式立体交叉外，均必须设置分离式立体交叉。
2 承担干线功能的一级公路同其他各级公路的交叉，除因交通转换需要而设互通式立体交叉外，为减少平面交叉，且相交的公路又不能截断时，应采用分离式立体交叉。
3 二级、三级、四级公路间的交叉，直行交通量很大或地形条件适宜，且不考虑交通转换时，可设置分离式立体交叉。

11.1.4 互通式立体交叉分为枢纽互通式立体交叉和一般互通式立体交叉，设置应符合下列规定：

1 高速公路间、或高速公路与承担干线功能的一级公路间、或承担干线功能的一级公路间的互通式立体交叉，应为枢纽互通式立体交叉。

2 高速公路、承担干线功能的一级公路与承担集散功能的一级公路及其他公路相交的互通式立体交叉，应为一般互通式立体交叉。

11.1.5 互通式立体交叉的间距应符合下列规定：

1 大城市、重要工业园区附近的高速公路，其互通式立体交叉的平均间距宜为 5～10km；其他地区宜为 15～25km。

2 高速公路相邻互通式立体交叉的最小间距，不宜小于4km。因路网结构或其他特殊情况限制，经论证相邻互通式立体交叉的间距需适当减小时，其上一互通式立体交叉加速车道渐变段终点至下一互通式立体交叉的减速车道渐变段起点间的距离，不得小于1 000m，且应进行专项交通工程设计，设置完善、醒目的标志、标线和警示、诱导设施；小于1 000m且经论证必须设置时，应将两者合并设置为复合式互通式立体交叉。

3 高速公路相邻互通式立体交叉的间距不宜大于30km，西部荒漠戈壁、草原地区和人口稀疏的山区可增大至40km；超过时，应设置与主线立体分离的U形转弯设施。

4 非高速公路互通式立体交叉的最小间距，可参照上述规定执行。条件受限时，经对交织段的通行能力验算后可适当减小间距。

11.1.6 互通式立体交叉与相邻的其他有出入口的设施或隧道之间的距离应符合下列规定：

1 互通式立体交叉与服务区、停车区、客运汽车停靠站之间的距离应能满足设置出口预告标志的需要。条件受限制时，间距可适当减小，但上一入口终点至下一个出口起点的距离不应小于1 000m；小于1 000m且经论证必须设置时，应按复合式互通式立体交叉的方式处理。

2 隧道出口与前方互通式立体交叉间的距离，应满足设置出口预告标志的需要；条件受限制时，隧道出口至前方互通式立体交叉出口起点的距离不应小于1 000m，小于时应在隧道入口前或隧道内设置预告标志。

3 互通式立体交叉加速车道渐变段终点至前方隧道进口的距离（以m计）以不小于设计速度（以km/h计）的1倍长度为宜。

11.1.7 确定互通式立体交叉位置时，应综合考虑公路网的现状和规划情况，并设在两相交公路线形指标良好，地形、地质和环境条件有利的位置。与之相连的公路应符合下列条件：

1 相连接公路在路网中不应低于次要干线或集散公路的功能，不应有较大的横向干扰。

2 通行能力应满足过境和集散交通量的要求。
3 与主要交通源的连接应短捷。
4 分配到路网中附近公路的交通量应适当，不应使某些道路或路段负荷过重。
5 根据路网布局等条件而选定的被连通的公路，在通行能力和其他方面不能满足需要时，应进行改建设计。

11.1.8 互通式立体交叉选型，应综合考虑相交公路的功能、技术等级、匝道设计速度、地形、地物、用地条件、交通量、造价以及是否设置收费站等因素确定。

11.1.9 互通式立体交叉范围内主线线形指标应符合表11.1.9的规定。

表11.1.9 互通式立体交叉范围内主线线形指标

设计速度（km/h）			120	100	80	60
最小圆曲线半径（m）		一般值	2 000	1 500	1 100	500
		极限值	1 500	1 000	700	350
最小竖曲线半径（m）	凸形	一般值	45 000	25 000	12 000	6 000
		极限值	23 000	15 000	6 000	3 000
	凹形	一般值	16 000	12 000	8 000	4 000
		极限值	12 000	8 000	4 000	2 000
最大纵坡（%）		一般值	2	2	3	4.5（4）
		最大值	2	3	4（3.5）	5.5（4.5）

注：当主要公路以较大的下坡进入互通式立体交叉，且所接的减速车道为下坡，同时，后随的匝道线形指标较低时，主要公路的纵坡不得大于括号内的值。

11.1.10 复合式互通式立体交叉的交织段长度不应小于600m，其连接可采用下列三种方式：
1 采用辅助车道将两处互通式立体交叉的相邻出入口直接连通。
2 采用与主线分隔的集散车道将主线一侧所有的出口和入口连通。
3 采用分离车道，形成两处互通式立体交叉间无交织运行的方式。

11.2 视距

11.2.1 互通式立体交叉区域应具有良好的通视条件。

11.2.2 主线分流鼻之前应保证判断出口所需的识别视距。识别视距应符合表7.9.5的规定。条件受限制时，识别视距应大于1.25倍的主线停车视距。

11.2.3 匝道全长范围内的停车视距应不小于表11.2.3的规定。

表11.2.3 匝道停车视距

设计速度（km/h）	80	70	60	50	40	35	30
停车视距（m）	110（135）	95（120）	75（100）	65（70）	40（45）	35	30

注：积雪冰冻地区，应不小于括号内的数值。

11.2.4 汇流鼻前，匝道与主线间应具有如图11.2.4所示的通视三角区。

11.2.5 匝道出口位置应明显，易于识别，宜将出口分流鼻设置在跨线桥前；当设置在跨线桥后时，匝道出口至跨线桥的距离不应小于150m。

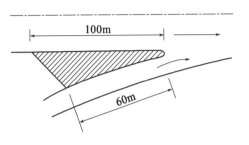

图11.2.4 汇流鼻前通视三角区

11.3 匝道设计

11.3.1 互通式立体交叉的匝道设计速度应符合表11.3.1的规定。

表11.3.1 匝道设计速度

匝道类型		直连式	半直连式	环形匝道
匝道设计速度（km/h）	枢纽互通式立体交叉	80、70、60、50	80、70、60、50、40	40
	一般互通式立体交叉	60、50、40	60、50、40、	40、35、30

注：1. 右转弯匝道宜采用上限或中间值。
2. 直连式或半直连式左转弯匝道宜采用上限或中间值。

11.3.2 匝道横断面设计应符合下列规定：

1 匝道横断面各组成部分的尺寸如下：

1）车道宽度为3.50m。当匝道设计速度大于60km/h时，车道宽度可采用3.75m。

2）路缘带宽度为0.50m。

3）左侧硬路肩（含路缘带）宽度为1.00m；当单向双车道匝道设供紧急停车用的右侧硬路肩时，左侧硬路肩宽度可采用0.75m。

4）右侧硬路肩（含路缘带）宽度：设供紧急停车用硬路肩时宜采用3.00m，条件受限制时可采用1.50m，但为对向分隔式双车道时宜采用2.00m；不设供紧急停车用硬路肩时为1.00m。

5）土路肩的宽度为0.75m；条件受限制时，不设路侧护栏者可采用0.5m。

6）中央分隔带的宽度应不小于1.00m。

2 匝道横断面应采用图11.3.2所示的四种类型，并按下列条件选用：

1）交通量小于100pcu/h时，或交通量大于或等于100pcu/h但小于1 200pcu/h、匝道长度小于或等于500m时，应采用Ⅰ型。

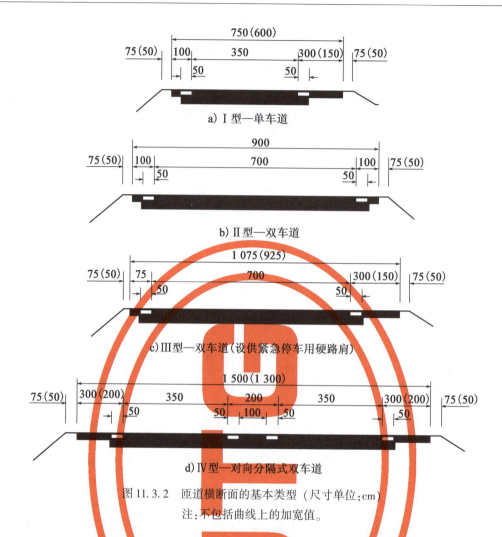

a) Ⅰ型—单车道

b) Ⅱ型—双车道

c) Ⅲ型—双车道（设供紧急停车用硬路肩）

d) Ⅳ型—对向分隔式双车道

图11.3.2 匝道横断面的基本类型（尺寸单位：cm）

注：不包括曲线上的加宽值。

2）交通量大于或等于100pcu/h但小于1 200pcu/h、匝道长度大于500m时，应考虑超车之需而采用Ⅱ型，此时采用单车道出入口。

3）交通量大于或等于1 200pcu/h但小于1 500pcu/h时，应采用Ⅱ型。

4）交通量大于或等于1 500pcu/h时，应采用Ⅲ型。

5）对向分隔式双车道匝道，应采用Ⅳ型。当设计速度小于或等于40km/h，且位于非高速公路一方时，可选用对向非分隔式双车道匝道，可采用Ⅱ型。

6）对向分隔式匝道各单向车道数及横断面组成，宜符合匝道横断面基本类型及尺寸的规定。

7）环形匝道采用单车道匝道，其设计通行能力为800～1 000pcu/h。

3 主线分岔或合流的多车道匝道，其车道、硬路肩的宽度应与主线相同。

11.3.3 匝道的平面线形应根据匝道设计速度、交叉类型、交通量、地形、用地条件、造价等因素确定，其设计应符合下列规定：

1 匝道的圆曲线最小半径、不设超高的圆曲线最小半径应符合表11.3.3-1的规定。

表11.3.3-1　匝道圆曲线最小半径和不设超高的圆曲线最小半径

匝道设计速度（km/h）		80	70	60	50	40	35	30
匝道圆曲线最小半径（m）	一般值	280	210	150	100	60	40	30
	极限值	230	175	120	80	50	35	25
不设超高的圆曲线最小半径（m）	路拱≤2%	2 500	2 000	1 500	1 000	600	500	350

2　匝道平面线形设计应符合下列要求：

1）从出、入口至匝道中平面线形紧迫路段的范围内，圆曲线的半径应与路段车辆通行的速度变化相适应。

2）右转弯匝道和左转弯直连式或半直连式匝道应采用较高的平面指标。

3）直连式互通式立体交叉中，纵面起伏时凸形竖曲线前后的平面线形应一致，或具备良好的线形诱导。严禁在小半径凸形竖曲线后紧接反向平曲线。

4）匝道平面线形指标应与交通量相适应，交通量大的匝道应具有较高的平面线形指标。

5）应避免不必要的反弯。

6）各要素线形的长度不宜小于3s设计速度行程长度。

3　匝道及其端部设置回旋线时，其参数及长度宜不小于表11.3.3-2的规定。回旋曲线长度应不小于超高过渡所需的长度。

表11.3.3-2　匝道回旋线参数及长度

匝道设计速度（km/h）	80	70	60	50	40	35	30
回旋线参数A（m）	140	100	70	50	35	30	20
回旋线长度（m）	70	60	50	40	35	30	25

4　在分流鼻处，匝道平曲线的最小曲率半径应符合表11.3.3-3规定。相接分流鼻回旋线（A）的匝道圆曲线半径（R），应大于该相接处匝道运行速度对应的最小半径一般值，同时宜满足$A/R≤1.5$。

表11.3.3-3　分流鼻处匝道平曲线最小曲率半径

主线设计速度（km/h）		120		100	80	60
分流鼻处的设计速度（km/h）		80	70	65	60	55
最小曲率半径（m）	一般值	450	350	300	250	200
	极限值	400	300	250	200	150

注：一般互通式立体交叉可将上表中分流鼻处的设计速度降低5km/h，取用对应的规定值。

5　匝道中径相衔接的复曲线，其大小半径之比不应大于1.5，大于时应设回旋线。

11.3.4 匝道的纵面线形设计应符合下列规定：

1 匝道最大纵坡应符合表 11.3.4-1 的规定。

表 11.3.4-1 匝道最大纵坡

匝道设计速度（km/h）			80	70	60	50	40	35	30
最大纵坡（%）	出口匝道	上坡*	3		4		5		
		下坡	3		3		4		
	入口匝道	上坡	3		3		4		
		下坡*	3		4		5		

注：因地形困难或用地紧张时可增大 1%；*非冰冻积雪地区在特殊困难情况下可增加 2%。

2 匝道竖曲线的最小半径及最小长度应符合表 11.3.4-2 的规定。

表 11.3.4-2 匝道竖曲线的最小半径及最小长度

匝道设计速度（km/h）			80	70	60	50	40	35	30
竖曲线最小半径（m）	凸形	一般值	4 500	3 500	2 000	1 600	900	700	500
		极限值	3 000	2 000	1 400	800	450	350	250
	凹形	一般值	3 000	2 000	1 500	1 300	900	700	400
		极限值	2 000	1 500	1 000	700	450	350	300
竖曲线最小长度（m）		一般值	100	90	70	60	40	35	30
		最小值	75	60	50	40	35	30	25

3 匝道纵面线形设计应符合下列要求：

1）匝道的纵坡应平缓，并避免不必要的反坡。

2）匝道同主线相连接的部位，其纵面线形应连续，避免线形的突变。

3）出口匝道宜为上坡匝道。

4）上坡加速或下坡减速的匝道，应采用较缓的纵坡，并应避免采用最大纵坡值。

5）匝道中设收费站时，邻接收费广场的路段，其纵坡应平缓，不得以较大的下坡紧接收费广场。

6）匝道端部纵坡变化处应采用较大半径的竖曲线。匝道中间难以避免反坡时，凸形竖曲线应具有较大的半径，尤其在其后不远有反向平曲线或匝道分、汇流的情况下。

11.3.5 匝道的超高及其过渡应符合下列规定：

1 匝道上的圆曲线半径小于表 11.3.3-1 规定的不设超高圆曲线最小半径时，应按本规范第 7.5 节的相关规定设置超高。

2 匝道上直线与超高圆曲线之间，或两超高不同的圆曲线之间，应设置超高过渡段。超高过渡段长度应根据设计速度、横断面的类型、旋转轴的位置以及渐变率等因素确定。匝道超高渐变率应符合表 11.3.5-1 的规定。

表 11.3.5-1 匝道超高渐变率

匝道设计速度 (km/h)	断面类型及旋转轴位置			
	单向单车道		单向双车道及非分隔式对向双车道	
	左路缘带外边线	行车道中心线	左路缘带外边线	行车道中心线
80	1/200	1/250	1/150	1/200
70	1/175	1/235	1/135	1/185
60	1/150	1/225	1/125	1/175
50	1/125	1/200	1/100	1/150
≤40	1/100	1/150	1/100	1/150

3 横坡处于水平状态附近时，其超高渐变率不应小于表 11.3.5-2 的规定。

表 11.3.5-2 匝道最小超高渐变率

断面类型		单向单车道	单向双车道、非分隔式对向双车道
旋转轴位置	行车道中心线	1/800	1/500
	路缘带外边线	1/500	1/300

11.3.6 匝道圆曲线路面加宽应符合表 11.3.6 的规定。

表 11.3.6 匝道圆曲线路面加宽值

单车道匝道（Ⅰ型）		单向双车道或对向双车道匝道（Ⅱ型）	
圆曲线半径（m）	加宽值（m）	圆曲线半径（m）	加宽值（m）
25 ~ <27	2.25	25 ~ <26	3.25
27 ~ <29	2.00	26 ~ <27	3.00
29 ~ <32	1.75	27 ~ <28	2.75
32 ~ <35	1.50	28 ~ <30	2.50
35 ~ <38	1.25	30 ~ <31	2.25
38 ~ <43	1.00	31 ~ <33	2.00
43 ~ <50	0.75	33 ~ <35	1.75
50 ~ <58	0.50	35 ~ <37	1.50
58 ~ <70	0.25	37 ~ <39	1.25
≥70	0	39 ~ <42	1.00
—	—	42 ~ <46	0.75
—	—	46 ~ <50	0.50
—	—	50 ~ <55	0.25
—	—	≥55	0

注：1. 表中加宽值是对图 11.3.2a) 的路面标准宽度而言的。当遇特殊断面时，加宽值应予调整，使加宽后的总宽度与标准一致。

2. Ⅳ型匝道，可按各自车道的曲线半径所对应的加宽值分别加宽。

3. Ⅲ型匝道的加宽为Ⅱ型的加宽值减去Ⅲ、Ⅱ型两者硬路肩的差值。

11.3.7 匝道出入口端部应符合下列规定：

1 互通式立体交叉的出入口除高速匝道外，应设置在主线行车道的右侧。

2 匝道出入口端部分流鼻两侧，应在行车道边缘设置偏置加宽。主线一侧（右）硬路肩或其加宽后的偏置值宽度 C_1 宜为 2.5~3.5m；匝道一侧（左）硬路肩外加宽的偏置值宽度 C_2 宜为 0.6~1.0m，也可按表 11.3.8-1 取值。

11.3.8 变速车道设计应符合下列规定：

1 变速车道的横断面应包括左侧路缘带（与主线车道共用）、车道、右路肩（含右侧路缘带）等组成部分。

2 变速车道分为直接式与平行式两种，如图 11.3.8-1 所示。变速车道为单车道时，减速车道宜采用直接式，加速车道宜采用平行式。变速车道为双车道时，加、减速车道均应采用直接式。

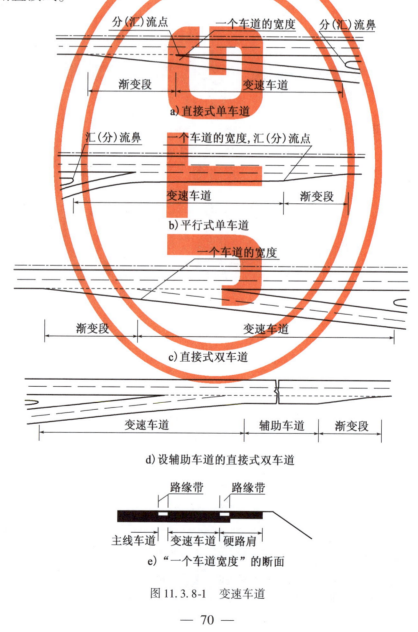

图 11.3.8-1 变速车道

3 主线为左偏并接近圆曲线最小半径的一般值时，其右方的减速车道应为平行式，且应缩短渐变段（将缩短的长度补在平行段上）。减速车道接小半径环形匝道时宜采用平行式。

4 变速车道长度应不小于表 11.3.8-1 的规定。

表 11.3.8-1 变速车道长度及有关参数

变速车道类别		主线设计速度（km/h）	变速车道长度（m）	渐变率（1/m）	渐变段长度（m）	主线硬路肩或其加宽后的宽度 C_1（m）	分流鼻处匝道左侧硬路肩加宽 C_2（m）
出口	单车道	120	145	1/25	100	3.5	0.60
		100	125	1/22.5	90	3.0	0.80
		80	110	1/20	80	3.0	0.80
		60	95	1/17.5	70	3.0	0.70
	双车道	120	225	1/22.5	90	3.5	0.70
		100	190	1/20	80	3.0	0.70
		80	170	1/17.5	70	3.0	0.90
		60	140	1/15	60	3.0	0.60
入口	单车道*	120	230	—（1/45）	90（180）	3.5	—
		100	200	—（1/40）	80（160）	3.0	—
		80	180	—（1/40）	70（160）	2.5	—
		60	155	—（1/35）	60（140）	2.5	—
	双车道	120	400	—（1/45）	180	3.5	—
		100	350	—（1/40）	160	3.0	—
		80	310	—（1/37.5）	150	2.5	—
		60	270	—（1/35）	140	2.5	—

注：*表中单车道入口为平行式的；当为直接式时，采用括号内的数值。入口为单车道的双车道匝道，其加速车道的长度应增加 10m 或 20m。

5 下坡路段的减速车道和上坡路段的加速车道，其长度应按表 11.3.8-2 中的修正系数予以修正。

表 11.3.8-2 坡道上变速车道长度的修正系数

主线平均坡度（%）	$i \leq 2$	$2 < i \leq 3$	$3 < i \leq 4$	$i > 4$
下坡减速车道修正系数	1.00	1.10	1.20	1.30
上坡加速车道修正系数	1.00	1.20	1.30	1.40

6 符合下列情况时宜增长变速车道：

1) 主线设计速度小于或等于 100km/h，且匝道的线形指标又不高时，宜采用高一个设计速度档次的变速车道长度。

2) 主线、匝道的预测交通量接近通行能力，或载重汽车和大型客车比例较高。

7 主线为曲线时变速车道的线形应符合下列规定：

1) 平行式变速车道与主线相依部分应采用与主线相同的曲率。

2) 当为同向曲线时，线形分岔点 CP（渐变至一个车道宽度那一起或终点）以外宜采用卵形回旋线或复合回旋线，如图 11.3.8-2a) 所示；当为反向曲线时，则 CP 以外宜采用 S 形回旋线，如图 11.3.8-2c) 所示；当主线的圆曲线半径大于 2 000m 时，可采用完整的回旋线。

3) 直接式变速车道直至分、汇流鼻的全长范围内应采用与主线相同的线形。

4) 曲线外侧的直接式变速车道，当主线为设置大于 3% 超高的左弯曲线时，或因其他原因而不便在接近分、汇流鼻附近采用主线相同的线形时，可在主线边车道外缘线和匝道车道内缘线的距离为 3.5m 这一点至分、汇流鼻端范围内采用 S 形回旋线向匝道线形过渡，如图 11.3.8-2e) 所示。

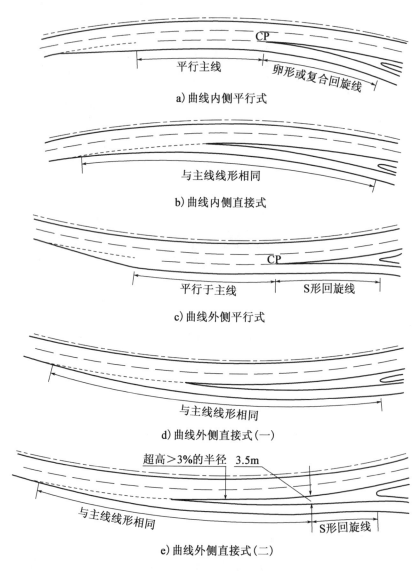

图 11.3.8-2 变速车道的线形

11.4 基本车道数和车道数的平衡

11.4.1 高速公路应在全长范围内或重要节点之间的较长路段内保持固定基本车道数。相邻的两路段间,一个方向行车道上的基本车道数的变化不得大于1。

11.4.2 高速公路上,主线与匝道的分、汇流处应保持车道数的平衡,即图11.4.2所示的各部分的车道数,应满足式(11.4.2)的规定。

$$N_C \geqslant N_F + N_E - 1 \tag{11.4.2}$$

式中:N_C——分流前或汇流后的主线车道数;
N_F——分流后或汇流前的主线车道数;
N_E——匝道车道数。

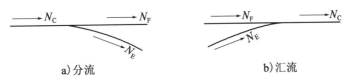

图 11.4.2 分、汇流处的车道数平衡

11.4.3 高速公路保持基本车道数 N_B 连续的路段,当互通式立体交叉的匝道车道数 $N_E > 1$ 时,出、入口应增设辅助车道,如图11.4.3所示。

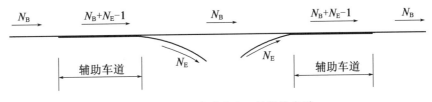

图 11.4.3 双车道出入口的辅助车道

11.4.4 辅助车道的设计应符合下列规定:
1 辅助车道的长度应符合表11.4.4的规定。

表 11.4.4 辅助车道的长度

主线设计速度(km/h)			120	100	80
辅助车道长度(m)	入口		400	350	300
	出口	一般值	580	510	440
		最小值	300	250	200
渐变段长度(m)	入口		180	160	140
	出口		90	80	70

2 当互通式立体交叉入口与下一个互通式立体交叉出口均设有或其中之一设有辅助车道,且入口终点至出口起点的距离小于1 000m时,应将辅助车道贯通设置。交通

量大、交织运行比例较高,间距不大于 2 000m 时,且增加车道的成本不高,也宜采用贯通的辅助车道。

3 辅助车道的宽度应与主线车道相同,其与主线车道间可不设路缘带。辅助车道右侧硬路肩的宽度宜与主线硬路肩相同,用地或其他条件受限制时可减窄,但不得小于 1.50m。

11.5 主线的分岔、合流和匝道间的分流、汇流

11.5.1 高速公路主线分岔与合流设计应符合下列规定:

1 一条高速公路的一幅行车道分成两条连接到另一条高速公路上去的多车道匝道的分岔部(图 11.5.1 中的 A),或者由一条高速公路分成两条高速公路的分岔部(图 11.5.1 中的 A′),应按主线分岔设计。

2 自一条高速公路引出的两条直连式或半直连式多车道匝道汇合成为另一条高速公路的一幅行车道(图 11.5.1 中的 B),或者由两条高速公路的同向行车道合并而成一条高速公路的一幅行车道(图 11.5.1 中的 B′),应按主线合流设计。

图 11.5.1 主线分岔与合流

11.5.2 主线的分岔与合流部的设计应符合车道数平衡的规定。

11.5.3 主线的分岔和合流中渐变段设计应符合下列规定:

1 自分岔前或合流后的路幅(包括为维持车道数的平衡而增加的辅助车道)至增加或减少一条车道(两幅行车道出现公共路缘带的断面)的渐变段内,路幅宽度应线性变化。

2 分岔和合流渐变段的渐变率应分别为 1∶40 和 1∶80。

3 渐变段的边线及其邻接的双幅路段的边线,其线形应连续。

11.5.4 匝道间的分流和汇流设计应符合下列规定：

1 匝道间分流、汇流前后车道数平衡时，可采用直接式分流、汇流的方式，设分流、汇流渐变段。分流、汇流渐变段的最小长度应符合表 11.5.4 的规定。

表 11.5.4 匝道间分流、汇流渐变段的最小长度

分、汇流速度	渐变段最小长度（m）	
（km/h）	分流	汇流
40	50	70
60	60	90
80	80	120

2 匝道间的分流、汇流前后车道数不平衡时，应增设一段辅助车道，辅助车道长度不应小于 150m，渐变段长度不应小于 50m。

3 汇流前的匝道系仅为超车之需而采用双车道时，宜在汇流前先并流为单车道，其渐变段长度不应小于 50m，如图 11.5.4 所示。在并流前应设置预告标志，且在并流渐变段内的路面上划有并流标记。

图 11.5.4 汇流前先并流

11.5.5 相邻出、入口的间距应符合下列规定：

1 高速公路上如图 11.5.5 所示的各种相邻出口或入口之间、匝道上相邻出口或入口之间、主线上的出口至前方相邻入口之间的距离应不小于表 11.5.5 所列之值。

主线上的相邻出口或入口	匝道上的相邻出口或入口	主线上的出口至前方相邻入口
L_1 L_1	L_2 L_2	L_3

图 11.5.5 各种相邻出、入口之间的距离

表 11.5.5 高速公路相邻出、入口最小间距

主线设计速度（km/h）			120	100	80
间距（m）	L_1	一般值	400	350	310
		最小值	350	300	260
	L_2 最小值	枢纽互通式立体交叉	240	210	190
		一般互通式立体交叉	180	160	150
	L_3	一般值	200	150	150
		最小值	150	150	120

2 当不能保证主线出入口间的应有距离或遇转弯车流的紧迫交织干扰主线车流时，应采用与主线相分隔的集散道将出入口串联起来。

3 集散道由行车道和硬路肩组成。集散道与主线间应设边分隔带。

4 集散道宜为双车道；交通量较小时，非交织段可为单车道。右侧硬路肩的宽度宜为 2.50m；当双车道的交通量不大于或接近单车道的通行能力时，硬路肩的宽度可减至 1.0m。

5 集散道与主线的连接应按出入口对待，并符合车道数平衡的原则。单车道出入口能满足交通量的需要时，可采用单车道出入口的双车道匝道的布置形式。集散道上相继入口或出口的间距，应满足匝道出入口间距的规定；入口和后继出口的间距应满足交织的需要。

11.6 互通式立体交叉中匝道与被交公路间的平面交叉

11.6.1 互通式立体交叉匝道或连接线与被交公路间的平面交叉必须进行渠化设计。平面交叉设计应符合本规范第 10 章的相关规定。

11.6.2 菱形和部分苜蓿叶形互通式立体交叉的匝道端部中两个平面交叉宜相互通视，其间有凸形竖曲线时，应保证停车视距。两个平面交叉间的路段内，应有容纳两个左转弯车道的距离，且不宜设置人行横道。

11.7 分离式立体交叉

11.7.1 分离式立体交叉设计应综合考虑交叉公路在路网中的功能和发展规划、运行安全、用地、环境及投资效益等因素。

11.7.2 分离式立体交叉远期规划为互通式立体交叉时，应按分期修建原则设计并预留布设匝道的工程条件。

11.7.3 分离式立体交叉设计应符合下列要求：

1 主要公路的平、纵面线形应保持直捷、顺适。两相交公路不得因增设分离式立体交叉而使平、纵面线形过于弯曲、起伏。

2 两相交公路以正交或接近正交为宜，且交叉附近平面线形宜为直线或不设超高的大半径曲线。

3 高速公路、一级公路同二级、三级、四级公路相交而采用分离式立交时：

1）被交公路的线形、线位应充分利用。当交叉角过小或原线形技术指标过低时，应采用改线方案。

2）被交公路的等级、路基宽度、桥梁净宽、净高及车辆荷载等级等技术指标，应按被交公路现状或已批准的规划公路技术等级设计。

4 分离式立体交叉跨线桥的桥面雨水，应通过管道引至桥下公路的排水沟，不得散排于桥下公路路面。跨线桥桥下公路的排水宜采用自流排水。

5 跨线桥的桥型设计应注重美学要求。桥型应简洁、明快、轻巧，跨径配置应和谐、悦目，并同周围环境相协调。

11.7.4 分离式立体交叉上跨或下穿交叉方式的选择，应综合考虑下列因素，经技术经济论证后确定：

1 两相交公路的平面线形和纵坡设计的组合，应使整个工程的造价最低，占地、拆迁数量最少。

2 不良工程地质条件下，主要公路尤其是高速公路宜下穿。

3 交叉附近需与现有公路设置平面交叉或为路旁用户提供出、入口的公路宜下穿。

4 交通量大的公路宜下穿。

5 同已街道化的公路相交时，新建公路宜上跨。

6 结合地形、已建工程现状或发展规划，使之同周围环境与景观相协调。

11.7.5 主要公路或高速公路上跨时，其设计应符合下列要求：

1 跨线桥布孔和跨径必须满足被交公路建筑限界、视距和对前方公路识别、通视的要求。

2 跨线桥下为双车道公路时，不得在对向行车道间设置中墩。

3 跨线桥下为多车道公路，在中间带设置中墩时，其中墩两侧必须设防撞护栏，并留有护栏缓冲变形的余地；跨线桥下为无中间带多车道公路，需在行车道中间设置中墩时，其中墩前后必须增设足够长度的中间带，且中墩两侧必须设防撞护栏，并留有护栏缓冲变形的余地。

4 跨线桥不得压缩桥下公路横断面的任何组成部分，以及原有的渠道、电信管道等设施，并留有余地。

5 分离式立体交叉或被交叉公路采用分期修建时，跨线桥应按规划规模一次建成。

11.7.6 主要公路或高速公路下穿时，其设计应符合下列要求：

1 被交公路的线形、线位应充分利用。当交叉角小或原线形技术指标过低时，宜采用改线方案。

2 被交公路的等级、路基宽度、车辆荷载等级应按现状或已批准的规划设计。

3 跨线桥的桥长和布孔必须满足主要公路或高速公路的建筑限界、视距和对前方公路识别、通视的要求。主孔宜一孔跨越主要公路全断面，除主孔外应有适当长度的边孔。

4 跨线桥下主要公路或高速公路中间带较宽或为四车道以上高速公路，在中间带设置中墩时，中墩两侧必须设置防撞护栏并留有护栏缓冲变形的余地。不得在局部范围内改变中间带宽度而使行车道扭曲。

5 跨线桥下主要公路或高速公路附有以边分隔带分离的慢车道、集散车道、附加车道、非机动车道时，可在边分隔带上设置桥墩。当边分隔带较窄时，应在桥墩前后一定范围内加宽，并宜在右方作变宽过渡。

6 跨线桥前方主要公路或高速公路有出、入口或平面交叉时，跨线桥应增设供通视用辅助桥孔；主要公路或高速公路为曲线时，应满足载重汽车停车视距要求。

7 跨线桥下为路堑时，若路堑不深，宜将桥台置于坡顶之外；若路堑较深或边坡缓而长而需在边坡上设置桥台时，则应将桥台置于坡顶附近，不得布置于坡脚处。

8 主要公路为高速公路或一级公路时：

1）跨线桥必须设置防撞护栏和防护网。

2）跨线桥上悬挂交通标志时，不宜采用通栏式的，且上、下边缘不得超出护栏顶部和边梁外缘底线。

12 公路与铁路、乡村道路、管线交叉

12.1 一般规定

12.1.1 公路与铁路交叉设计适用于公路同铁路网中 1 435mm 标准轨距的铁路相交叉的设计。

12.1.2 公路与铁路交叉形式的选择应根据公路和铁路的等级、交通量（年客货运量）、安全、经济等因素综合确定。原则上应考虑设置立体交叉。

12.1.3 公路与铁路交叉设计年限应同时符合公路规划交通量预测年限、铁路设计年限规定的要求。对规划中的项目，必须有批准的规划修建年限，以确定预留交叉方式与条件。

12.1.4 公路与乡村道路交叉设计适用于公路同乡村、农场范围内供各种农业机械及耕作人员通行的道路交叉的设计。

12.1.5 公路与管线交叉设计适用于公路同 1 000kV 以下架空输电线路，陆上原油、天然气输送管道的交叉设计中有关交角、净空等部分的设计，而相关专业方面的具体规定应按国家有关标准执行。

12.1.6 交叉工程设计应按各自专业特点、要求等进行优化设计，确定最有利的交叉位置和最佳跨越形式及其结构方案。

12.1.7 交叉工程应根据公路功能与使用要求，处理好与铁路、乡村道路、输电线路、输油管道、输气管道等规划、工程衔接的相互关系，妥善处理因修建或改建所引起的干扰问题。

12.2 公路与铁路立体交叉

12.2.1 公路与铁路交叉时，新建的公路或铁路项目应首选立体交叉。

12.2.2 高速公路、一级公路与铁路交叉，必须设置立体交叉。

12.2.3 高速铁路、城际铁路和路段旅客列车设计行车速度为140km/h及以上的铁路与公路相交叉时，必须设置立体交叉。

12.2.4 公路与铁路交叉，符合下列情况之一时应设置立体交叉：
1 I级铁路与公路交叉；
2 铁路路段旅客列车设计行车速度大于或等于120km/h的地段与公路交叉；
3 铁路与二级公路交叉；
4 由于铁路调车作业对公路上行驶的车辆会造成较严重延误；
5 受地形等条件限制，采用平面交叉会危及公路行车安全；
6 结合地形或桥涵构造物情况，具备设置立体交叉条件。

12.2.5 公路与铁路立体交叉的平、纵面设计应符合下列要求：
1 公路与铁路立体交叉宜选在双方线形均为直线的地段，或平、纵线形技术指标高且通视良好的地段。
2 公路与铁路立体交叉，以正交为宜。受地形条件或其他特殊情况限制必须斜交时，应结合公路、铁路的线形条件，尽量设置较大的交叉角度。
3 高速公路、一级公路与铁路交叉，在考虑铁路对立交桥设置要求的同时，其立交位置应符合该路段公路平、纵线形设计总体布局，使线形连续、均衡、顺适，不得在该局部地段降低技术指标。
4 公路与铁路立体交叉的改建工程，应根据公路网规划确定公路技术等级、交叉位置等。由于改善交叉角或移位而改线时，其路线的平、纵技术指标不得低于相衔接路段的一般值，更不得采用相应公路技术等级的最小值。
5 公路与铁路立体交叉的公路引道范围内，不得设置公路平面交叉。
6 公路与铁路立体交叉范围内的公路视距要求为：高速公路、一级公路应满足停车视距；二级、三级、四级公路应满足会车视距。

12.2.6 公路上跨铁路时，其设计应符合下列要求：
1 公路跨线桥的跨径与净高必须符合1 435mm标准轨距铁路建筑限界的规定。
2 公路跨线桥的跨径与布孔应根据地形、地质、桥下净空、铁路排水体系、沿铁路敷设的专用管线位置等综合确定。
3 公路上跨电气化铁路时，其跨线桥结构形式应按不中断电力输送的施工工艺与方法确定，不危及公路施工和铁路行车的安全。
4 公路跨线桥及引道的排水系统应自成体系。跨线桥桥面雨水不得直接排至铁路建筑限界范围内。
5 四车道及其以上的公路上跨铁路时，考虑到公路，铁路弯、坡、斜及超高等因素，应对跨线桥的四个周边的铁路建筑限界予以检核。

6 公路跨越铁路时，其公路跨线桥应设防撞护栏和防落网。

12.2.7 铁路上跨公路时，其设计应符合下列要求：

1 铁路跨线桥的跨径与净高必须符合公路建筑限界的规定。

2 铁路跨越二级公路、三级公路、四级公路时，严禁在行车道上设置中墩。铁路跨越四车道高速公路、一级公路时，不得在中间带设置中墩。铁路跨越六车道及以上高速公路、一级公路时，必须在中间带设置中墩时，中墩两侧必须设防撞护栏，并留足设置防撞护栏和护栏缓冲变形的安全距离。

3 铁路跨线桥所跨越的宽度应包括该路段公路标准横断面宽度及其所附属的变速车道、爬坡车道、边沟等的宽度。

4 铁路跨线桥的跨径与布孔应留有足够的侧向余宽，不得将墩、台设置在公路边沟、排水沟以内，并满足公路视距和对前方公路识别的要求。不能满足公路视距与对前方公路识别要求时，应设置边孔。

5 铁路跨越公路时，其铁路跨线桥应设置防落网。

6 铁路跨线桥及其引道的排水系统应自成体系，跨线桥桥面雨水不得直接排至公路建筑限界范围内。

12.3 公路与铁路平面交叉

12.3.1 公路与铁路平面相交时，宜为正交；必须斜交时，交叉角度应大于45°。

12.3.2 道口应设置在汽车瞭望视距不小于表12.3.2规定值的地点，并应符合下列要求：

表12.3.2 汽车瞭望视距

路段旅客列车设计行车速度（km/h）	120	100	80
汽车瞭望视距（m）	400	340	270

1 道口不得设置在铁路站场、道岔、桥头、隧道洞口及有调车作业的地段附近。

2 受地形等条件限制汽车在距铁路最外侧钢轨5m处停车后，汽车驾驶者的侧向瞭望视距小于表12.3.2规定的道口必须设置看守。

12.3.3 道口附近的铁路路线以直线为宜。公路路线宜为直线，道口两侧公路的直线长度，从最外侧钢轨算起，不应小于50m。

12.3.4 道口两侧公路的水平路段长度（不包括竖曲线），从铁路最外侧钢轨外侧算起，不应小于16m，乡村道路不应小于10m。紧接水平路段的公路纵坡，不应大于3%；

当受地形条件及其他特殊情况限制时，不得大于5%。对于重车驶向道口一侧的公路下坡路段，紧邻道口水平路段的纵坡不应大于3%。

12.3.5 道口应设置坚固、平整、稳定且易于翻修的铺砌层，其长度应延伸至钢轨以外2.0m；道口两侧公路在距铁路钢轨外侧20m范围内，宜铺筑沥青或水泥混凝土路面；道口铺砌宽度和公路引道宽度均不应小于相交公路的路基宽度。

12.4 公路与乡村道路交叉

12.4.1 公路与乡村道路的交叉设计应纳入公路交叉设计部分的总体设计，统筹规划，合理布局。公路与乡村道路交叉的形式、位置、间隔等应根据县级和乡（镇）土地利用总体规划中农业耕作机械需求布设。必要时应结合规划，对农业机耕道作适当调整或归并。

12.4.2 公路与乡村道路交叉设置应符合下列规定：
1 高速公路与乡村道路相交叉必须设置通道或天桥。
2 一级公路与乡村道路相交叉宜设置通道或天桥。
3 二级、三级公路与乡村道路相交叉应设置平面交叉，四级公路与乡村道路相交宜设置平面交叉，地形条件有利或公路交通量大时宜设置通道或天桥。
4 二级、三级、四级公路与乡村道路相交时，应对其交叉范围一定长度的路段进行改造，使其达到四级公路的标准。
5 二级及二级以上公路位于城镇或人口稠密的村落或学校附近时，宜设置专供行人横向通行的人行通道或人行天桥。

12.4.3 公路与乡村道路相交，符合下列情况时应对乡村道路进行改线，且改线段平、纵技术指标不应低于四级公路的最小值：
1 交叉的锐角小于60°。
2 按规划或交叉总体设计对交叉予以合并或调整交叉位置。
3 交叉处的地形、地质、视距或原乡村道路平面线形不适宜设置交叉。
4 改造原平面交叉其工程量增加较大。

12.4.4 通道设计应符合下列要求：
1 通道的间隔以400m左右为宜。农业机械化程度高的地区和人烟稀少地区间隔宜适当加大。
2 通道的交叉角以90°为宜。必须斜交时，其交叉的锐角应不小于60°；受地形条件或其他特殊情况限制时，应不小于45°。
3 通道处的乡村道路平面线形宜为直线。其两侧的直线长度应不小于20m。

4 通道处的乡村道路纵面线形应为直坡，坡度宜不大于3%，构造物不得设于凹形竖曲线底部。通道应采用自流排水方式做好排水设计。

5 通道的最小净空应根据通行车辆不同按表12.4.4的数值采用，必要时可加大桥下净空。

表12.4.4 通道净空要求

净高	通行拖拉机、畜力车时	≥2.70m
	通行农用汽车时	≥3.20m
净宽	按交通量和通行农业机械类型选用	≥4.00m
	通道过长或敷设排水渠时	视情况增宽

12.4.5 天桥设计应符合下列要求：

1 主要公路为路堑地段或地形条件有利时可设置天桥，并以正交为宜，其主要技术指标可参照四级公路相关标准执行，桥面净宽应不小于4.50m。

2 天桥的车道荷载等级应不低于公路-Ⅱ级，并设置限载标志。

3 跨越高速公路、一级公路的天桥，应设防撞护栏和防落网。

4 天桥的桥面雨水不得直接排至公路路面。

12.4.6 人行通道设计应符合下列规定：

1 人行通道的最小净高应不小于2.20m，最小净宽应不小于4.00m。

2 下穿高速公路、一级公路的人行通道应利用中间带设置采光井。

3 人行通道除设梯道外，应视情况设置坡道，其坡度不应陡于1:8。

4 人行通道必须做好排水设计，不得因积水影响通行。

12.4.7 人行天桥设计应符合下列规定：

1 人行天桥的净宽应不小于3.00m。

2 人群荷载应不小于$3kN/m^2$，行人密集地区应不小于$3.5kN/m^2$。

3 人行天桥除设梯道外，有条件时应设置坡道，其坡度不应陡于1:4。

4 跨越高速公路、一级公路的人行天桥，应设防落网。

12.4.8 平面交叉设计应符合下列规定：

1 平面交叉以正交为宜。当必须斜交时，其交叉的锐角应不小于70°；受地形条件或其他特殊情况限制时，应不小于60°。

2 交叉处公路两侧的乡村道路直线长度应各不小于20m。

3 交叉处公路两侧的乡村道路应分别设置不小于10m的水平段或缓坡段，缓坡段的纵坡应不大于2%。紧接水平段或缓坡段的纵坡不应大于3%，困难地段不应大于6%。

4 平面交叉处应使驾驶者在距交叉20m处，能看到两侧二级、三级公路相应停车视距并不小于50m范围内的汽车。视线范围内不得有障碍物。

5 经常有履带耕作机械通行时，交叉范围内的公路路面、路肩应进行加固，且公路路基边缘外侧的乡村道路应各设置不小于10m的加固段。

12.5 公路与管线交叉

12.5.1 公路与架空输电线路相交，以正交为宜。必须斜交时，其交叉的锐角应大于45°。

12.5.2 公路从架空输电线路下穿过时，应从导线最大弧垂点与杆塔间通过，并使输电线路导线与公路交叉处的距路面垂直距离不小于表12.5.2的规定值。

表12.5.2 架空输电线路导线距路面的最小垂直距离

架空输电线路标称电压（kV）	35~110	154~220	330	500	750	1 000 单回路	1 000 双回路逆相序	±800 直流
距路面最小垂直距离（m）	7.0	8.0	9.0	14.0	19.5	27.0	25.0	21.5

12.5.3 架空输电线路导线与路面的垂直距离，应根据导线运行温度情况或覆冰无风情况求得的最大弧垂，以及根据最大风速情况或覆冰情况求得的最大风偏进行计算确定。

12.5.4 架空输电线路与公路交叉或平行时，杆（塔）内缘距离公路边沟的最小水平距离应符合表12.5.4的规定。

表12.5.4 架空输电线路杆（塔）内缘距公路边沟外侧的最小水平距离

标称电压（kV）		35~110	220	330	500	750	1000	±800 直流
交叉（m）		8	8	8	8	10	15	15
平行	开阔地区（m）	最高杆（塔）高度						
	受限制地区（m）	5	5	6	8 高速15	10 高速20	单回路15 双回路13	12

注：标称电压1 000kV、±800kV直流输电线路与公路平行时的数值为边导线至公路边沟外侧的水平距离。

12.5.5 公路与油气输送管道相交时，以正交为宜。必须斜交时，其交叉的锐角不宜小于30°。

12.5.6 油气输送管道与各级公路相交叉且采用下穿方式时，应设置地下通道（涵）或套管。

12.5.7 穿越公路的地下专用通道（涵）的埋置深度，除应符合石油天然气行业标准的荷载相关规定外，尚应符合现行《公路桥涵设计通用规范》（JTG D60）的有关规定，并按所穿越公路的车辆荷载等级进行验算。穿越公路的保护套管其顶面距路面底基层的底面应不小于1.0m。

12.5.8 严禁有毒有害、易燃易爆、高压等管线设施利用公路桥梁跨越河流。输送有毒有害、易燃易爆物质的管线穿（跨）越河流时，管线距特大桥、大桥、中桥的距离，应不小于100m；距小桥的距离，应不小于50m。

12.5.9 严禁有毒有害、易燃易爆、高温高压等管线设施通过公路隧道。

12.5.10 各种管线跨越公路的设施，不得侵入公路建筑限界，不得妨碍公路交通安全、损害公路设施，也不得对公路及其设施形成潜在威胁。

13 公路沿线设施

13.1 一般规定

13.1.1 公路沿线设施以及其出入口，应根据项目总体设计、设施功能，选择主线线形指标较高、通视良好的位置，合理布置。

13.1.2 公路沿线设施的建设规模应根据公路及设施功能、交通量等论证确定，与互通式立体交叉、隧道、特大桥等构造物应保持合理的间距。

13.1.3 公路收费站、服务区、停车区、客运汽车停靠站及 U 形转弯等设施应依据本章相关规定做好几何设计。

13.2 收费站

13.2.1 收费站广场几何指标应符合下列规定：
1 主线收费站广场：平曲线指标应符合互通式立体交叉区主线线形指标的规定，竖曲线指标不应小于主线纵断面表 8.6.1 中一般值的规定。收费站广场中心线两侧最小各 100m 范围内，纵坡坡度不应大于 2%。
2 匝道收费站广场：平曲线半径不得小于 200m，竖曲线半径不得小于 800m。收费站广场中心线两侧水泥混凝土路面范围内，纵坡坡度不宜大于 2%，条件受限时不应大于 3%。
3 收费站广场的横坡宜为 1.5%，排水需要时可为 2.0%。

13.2.2 收费站广场的设计应符合下列规定：
1 公路收费站广场应避免设置在凹型竖曲线的底部。
2 收费站广场几何布置如图 13.2.2-1 所示，收费岛前后水泥混凝土路面长度 L_0 应符合表 13.2.2-1 的规定。
3 收费站广场两端渐变段过渡应符合表 13.2.2-2 的要求。
4 匝道收费站广场中心线至匝道分岔点的距离不宜小于 100m，且不应小于 75m；至被交道路平交点的距离不宜小于 150m，不能满足时，应增加设置等待车道。

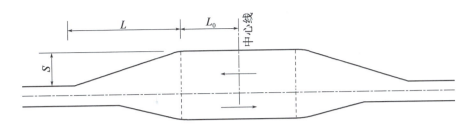

图 13.2.2-1 收费站广场布置与两端过渡示意图

表 13.2.2-1 收费岛前后水泥混凝土路面的最小长度 L_0（m）

收费广场位置 收费方式	匝道上	主线上
单向	30	50
双向	25	40

表 13.2.2-2 收费广场两端行车道过渡渐变率

收费广场位置	匝道上	主线上
广场收敛渐变率（L/S）	4~6，极限值为3	6~8

5 收费站广场的宽度应包括收费车道、收费岛、路肩（或路缘带）的宽度。收费岛间的车道宽度宜为 3.2m，ETC 车道的宽度应为 3.5m，超宽车道的宽度宜为 4.5m。收费岛的宽度宜为 2.20m。硬路肩宽度应不小于 0.5m。收费站广场横断面组成如图 13.2.2-2。

图 13.2.2-2 收费广场中心线的横断面组成示意图（尺寸单位：m）

13.3 服务区、停车区

13.3.1 服务区、停车区设置间距应符合下列规定：

1 服务区之间的间距宜为 50km，停车区与服务区或两停车区之间的间距宜为 15~25km。

2 服务区、停车区与互通式立体交叉、隧道的净间距宜大于 2km。条件受限时，可参照互通式立体交叉间距的相关要求。

13.3.2 服务区范围内的主线线形指标应符合互通式立体交叉范围内的主线线形指标的要求。停车区范围内的主线线形指标应符合表 13.3.2 的规定。

表 13.3.2 停车区范围内的主线线形指标

设计速度（km/h）		120	100	80	60
最小圆曲线半径（m）	一般值	1 500	1 000	700	500
	极限值	1200	850	600	400
最小凸形竖曲线半径（m）	一般值	45 000	25 000	12 000	6 000
	极限值	23 000	15 000	6 000	3 000
最小凹形竖曲线半径（m）	一般值	16 000	12 000	8 000	4 000
	极限值	12 000	8 000	4 000	2 000
最大纵坡（%）	一般值	2	3	4	4.5
	最大值	3	4	5	5.5

注：纵坡应选用一般值以上的指标；在地形受限、条件特殊情况下，可采用最大值。

13.3.3 服务区、停车区总体布置应符合下列要求：

1 服务区、停车区一般几何布置应包括加（减）速车道、连接匝道、贯穿车道、停车场等，如图 13.3.3 所示。

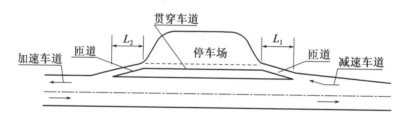

图 13.3.3 服务区、停车区的匝道、贯穿车道布置示意图

2 服务区、停车区匝道的设计速度宜采用 40km/h，条件受限时不应小于 30km/h。

3 匝道的最小长度应符合表 13.3.3 的规定。

表 13.3.3 匝道的最小长度

主线设计速度（km/h）		120	100	≤80
减速车道一侧 L_1（m）	一般值	110	90	80
	极限值	80	70	60
加速车道一侧 L_2（m）	一般值	80	70	60
	极限值	60	60	60

4 匝道及加、减速车道几何设计应符合互通式立体交叉的相关规定。

5 贯穿车道几何设计应符合下列规定：

1）贯穿车道的设计速度宜采用 30km/h。

2）贯穿车道应采用单向单车道，行车道 3.50m，左右侧路缘带各宽 0.50m。

3）贯穿车道纵面设计应综合考虑停车场高程及排水需要。

13.3.4 二级公路的服务区、停车区、观景台，根据功能、服务交通量、场地条件等，可采用设置出入匝道和加、减速车道的典型形式，也可采用不设置匝道、与主线布置成整体式的简易形式。简易形式的服务区、停车区、观景台布置应符合下列规定：

1 服务区、停车区、观景台范围内的主线纵坡不应大于2.5%，主线行车道与停车场用侧分隔带或路面标线区分。

2 停车场的两侧应设置长度相同的加、减速区段，布置图参照图13.4.4客运汽车停靠站，其长度根据侧分隔带宽度，按表13.4.4中主线设计速度对应的渐变率要求确定。

3 停车场沿主线的纵向最小长度宜大于30m。

13.4 客运汽车停靠站

13.4.1 高速公路主线侧不应设置客运汽车停靠站。

13.4.2 客运汽车停靠站范围内主线的最大纵坡应不大于2%，地形特别困难时应不大于3%。主线平曲线、竖曲线指标应符合表13.4.2的规定。

表13.4.2 客运汽车停靠站范围内的主线线形指标

设计速度（km/h）	100	80	60	≤40
最小圆曲线半径（m）	800	500	250	150
最小凸形竖曲线半径（m）	10 000	4 500	2 000	1 000
最小凹形竖曲线半径（m）	4 500	3 000	1 500	1 000

13.4.3 一级公路主线侧客运汽车停靠站布置应包括渐变段、加（减）速车道、停留车道等，其布置如图13.4.3所示，并应符合下列规定：

1 停靠区与主线右侧硬路肩之间必须用侧分隔带或护栏隔开。

2 变速车道及其渐变段长度，停留车道长度应不小于表13.4.3的规定。

3 侧分隔带宽应不小于2.0m，变速车道右侧硬路肩1.50m，停留车道宽应不小于5.50m，站台宽3.0m。

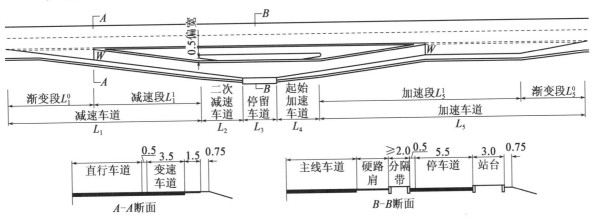

图13.4.3 一级公路客运汽车停靠站示意图（尺寸单位：m）

表13.4.3 一级公路客运汽车停靠站变速车道、停留车道长度

	主线设计速度（km/h）	100	80	60
减速车道 L_1	渐变段 L_1^0（1/20）（m）	70	70	70
	减速段 L_1^1（m）	100	90	70
	二次减速车道 L_2（m）	50	50	40
	停留车道 L_3（m）	30	30	20
	（二次）起始加速车道 L_4（m）	40	40	30
加速车道 L_5	加速段 L_5^1（m）	130	110	80
	渐变段 L_5^0（m）	65	60	50

13.4.4 二级及二级以下公路主线侧客运汽车停靠站的布置应包括加（减）速区段、停留车道等，如图13.4.4所示，并应符合下列规定：

1 停靠区与道路行车道之间用路面标线区分。

2 站台前停靠区两侧设置长度相等的加、减速区段，其长度应符合表13.4.4的规定。

3 停留车道长度为15m。

4 相邻行车道边缘线的分隔带（标线）、停留车道、站台宽度依次为0.5m、3.5m、2.25m。

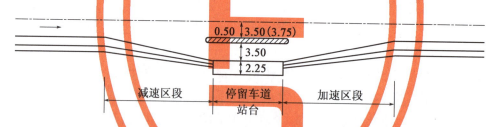

图13.4.4 二级及二级以下公路客运汽车停靠站示意图（尺寸单位：m）

表13.4.4 二级及以下公路客运汽车停靠站变速区段长度

主线设计速度（km/h）	80	60	40	30	20
渐变率	1/15	1/12.5	1/10	1/7.5	1/5
加、减速区段长（m）	60	50	40	30	20

13.5 高速公路上的U形转弯设施

13.5.1 互通式立体交叉间距大于30km，或人烟稀少的西部荒漠戈壁、草原等地区大于40km时，应在适当位置设置U形转弯设施。

13.5.2 U形转弯设施宜按双向设置，其几何布置应包括加（减）速车道、转弯匝道，如图13.5.2所示。

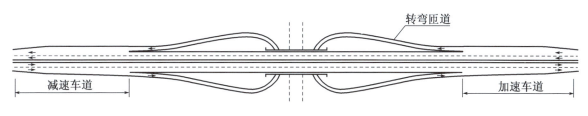

图 13.5.2 U 形转弯设施示意图

13.5.3 U 形转弯设施应充分利用主线桥梁等构造物进行布设，也可根据需要设置构造物上跨或下穿主线。

13.5.4 U 形转弯设施与主线相接的出入口、加减速车道设计，应符合互通式立体交叉的相关规定；匝道的设计速度不宜低于 20km/h。

13.5.5 U 形转弯设施匝道宜采用右侧硬路肩 1.50m 的单向单车道横断面标准，匝道路基宽度 7.50m。

本规范用词用语说明

1 本规范执行严格程度的用词,采用下列写法:

1)表示很严格,非这样做不可的用词,正面词采用"必须",反面词采用"严禁";

2)表示严格,在正常情况下均应这样做的用词,正面词采用"应",反面词采用"不应"或"不得";

3)表示允许稍有选择,在条件许可时首先应这样做的用词,正面词采用"宜",反面词采用"不宜";

4)表示有选择,在一定条件下可以这样做的用词,采用"可"。

2 引用标准的用语采用下列写法:

1)在标准总则中表述与相关标准的关系时,采用"除应符合本规范的规定外,尚应符合国家和行业现行有关标准的规定"。

2)在标准条文及其他规定中,当引用的标准为国家标准和行业标准时,表述为"应符合《××××××》(×××)的有关规定"。

3)当引用本标准中的其他规定时,表述为"应符合本规范第×章的有关规定"、"应符合本规范第×.×节的有关规定"、"应符合本规范第×.×.×条的有关规定"或"应按本规范第×.×.×条的有关规定执行"。

附件

《公路路线设计规范》

(JTG D20—2017)

条文说明

1 总则

1.0.2 本规范适用于新建和改扩建公路的设计，其中"改扩建"按照《公路工程技术标准》(JTG B01—2014)（以下简称《标准》(2014)）的术语解释，包括公路项目的改建和扩建。

根据全国调研结论和交通运输部主管部门意见，本《公路路线设计规范》（以下简称《规范》）修订仍坚持以指导公路路线几何设计为重点。但结合公路桥梁、隧道、交通工程等相关专业规范的适用范围现状和公路设计"以路线为纲"的特点，本次修订中细化、强化了对总体设计、相关专业协调等内容和要求，增补了"公路沿线设施"部分内容，以实现主体工程与交通工程及沿线设施相互协调，使公路建设项目成为完整的系统工程，符合安全、环保、可持续发展的总体目标。

1.0.3 当前，在我国公路网建设达到一定规模之后，公路建设应侧重完善路网结构，逐步构建"两个公路体系"等方面。《标准》(2014)强调以公路功能决定项目技术等级的原则，逐步扭转交通量在公路技术标准确定中的决定性作用。公路项目设计时，应首先进一步论证确定项目的功能；而后根据功能论证选用技术等级，结合交通量和地形等条件选用主要技术指标。

1.0.4 本次修订调整"公路总体设计"的内涵从"公路路线总体设计"到"公路项目的总体设计"，即在路线总体设计的基础上，把与公路项目勘察设计相关、但其他各专业规范未覆盖或各专业之间需要协调、统筹的内容均纳入进来。

1.0.5 路线走廊是一种不可再生的资源，应遵照统筹规划、合理布局、近远结合、综合利用的原则予以利用。工程可行性研究阶段应慎重研究并确定公路路线走向和走廊带。路线设计应综合考虑公路项目与各种运输体系的衔接关系，尽早做出规划，处理好已建工程和新建工程的关系和布局。在确定公路等级时应根据公路功能，并遵循照顾发展与适度超前的原则，处理好同其他工程的关系，以合理确定公路走廊。

1.0.6 路线方案是路线设计的核心。在进行总体设计过程中，应对采用不同设计速度及其对自然环境等带来的影响进行论证。当有多种方案时，应作同等深度的技术经济比较。

1.0.7 路线线位的选定应特别强调对工程地质等自然条件的调查，在此基础上方能进行路线线位及主要平、纵面技术指标的选定。

结合沿线区域气候特征研究还包括"沿线区域气候"，即指公路沿线由于区域地形所形成的雾区、风口、暴雨中心等。

1.0.8 加强环境保护和合理利用土地资源是重要的国策，应减少因修建公路带来的对环境、自然景观的影响，提高公路环境质量。高速公路、一级公路应特别注重线形的视觉诱导和线形的连续性，以及同沿线环境相协调，以增进舒适和安全感。

1.0.9 路线线形设计的各单项技术指标多数是按相应公路等级的设计速度规定的最小值。在综合考虑各种因素后所进行的组合设计要符合第9章线形设计的有关规定。线形设计中应根据地形、地质、技术难度及其工程量大小等具体情况进行优化。优秀的设计不只是单纯的各项技术指标都符合规定，而各项技术指标都采用低限值也未必就能节约工程规模和造价，其关键还在于设计者能将各种因素综合地进行考虑，创造性地进行"各种技术指标的组合设计"。设计质量在很大程度上取决于能否结合工程实际情况，在高限与低限指标之间进行科学、合理地组合搭配，并对特殊问题进行合理处置。

公路是带状的三维空间工程实体。根据相关领域的研究及技术发展，有条件时可以基于运行速度、三维仿真以及驾驶模拟等技术方法，在对公路、构造物及沿线地形、地物等三维建模的基础上，通过模拟公路建成后的整体环境和驾驶状态，对公路线形设计进行检验和分析评价。

1.0.10 从《标准》（2003）、《规范》（2006）在公路设计中引入运行速度检验和交通安全性评价以来，尤其是《公路建设项目安全性评价指南》（2004）发布实施以来，我国在基于运行速度方法基础上的公路交通安全性评价技术体系逐步成熟。实践表明：基于运行速度等评价技术方法，通过交通安全性评价能够有效识别、发现公路项目在设计、建设和运营中可能存在的安全隐患或问题，从而优化路线设计、采取必要的交通工程和安全保障措施，这些是非常必要的。

本条文所指的交通安全性评价是指在设计阶段由设计者或者第三方按照现行《公路项目安全性评价规范》（JTG B05）等要求，从交通安全性角度对公路路线设计、相关专业设计与协调开展的分析与评价工作。公路设计中应依据交通安全性评价结论优化设计，并完善相关安全设施等。

1.0.11 分期修建方案是指根据近、远期交通量以及资金筹措情况，在综合论证的基础上作出总体设计和实施计划等相应设计。

我国修建高速公路的初期，由于认识与经济基础等原因曾走过一些弯路，如早期的横向分幅分期修建就有过深刻教训。因此，《规范》（2006）中就曾明确规定：高速公路根据规划、路网功能的要求或交通量等因素，宜采用纵向分段或按工程项目分期修建的方式，并明确四车道高速公路整体式断面路基路段不得采用横向分幅分期修建。

1.0.12 我国自20世纪80年代开始建设高速公路以来，至2016年底已建成了13万余公里的高速公路，但早期修建的主要为四车道高速公路。随着经济的快速发展，交通量日益增长，部分四车道高速公路的服务水平明显下降。近十年来，全国陆续实施了一批高速公路改扩建工程，取得了丰富的实践经验。同时，对应也开展了较多的相关研究。本次规范修订吸纳了《高速公路改扩建技术政策研究》等项目在改扩建时机掌握、改扩建方式、指标掌握等方面的成果，在明确公路改扩建应遵循的总体原则的同时，对建设方案论证、技术等级选用作出明确规定。

2 公路分级与等级选用

2.1 公路功能与分级

2.1.1 根据《标准》(2014)对在公路等级选用中强调公路功能的要求,本条明确了公路功能分类:公路按照交通功能分为干线公路、集散公路和支线公路三类。干线公路细分为主要干线公路和次要干线公路,集散公路细分为主要集散公路和次要集散公路。

(1) 主要干线公路:
①连接20万人口以上的大中城市、交通枢纽、重要对外口岸和军事战略要地。
②提供省际间及大中城市间长距离、大容量、高速度的交通服务。

(2) 次要干线公路:
①连接10万人口以上的城市和区域性经济中心。
②提供区域内或省域内中长距离、较高容量和较高速度的交通服务。

(3) 主要集散公路:
①连接5万人口以上的县(市)、主要工农业生产基地、重要经济开发区、旅游名胜区和商品集散地。
②提供中等距离、中等容量及中等速度的交通服务。
③与干线公路衔接,使所有的县(市)都在干线公路的合适距离之内。

(4) 次要集散公路:
①连接1万人口以上的县(市)、大的乡镇和其他交通发生地。
②提供较短距离、较小容量、较低速度的交通服务。
③衔接干线公路、主要集散公路与支线公路,疏散干线公路交通、汇集支线公路交通。

(5) 支线公路:
①以服务功能为主,直接与用路者的出行源点相衔接。
②衔接集散公路,为地区出行提供接入与通达服务。

公路功能类别可按下列步骤确定:
(1) 依照行政属性、用地性质、交通需求等实施区域划分,并将区域抽象为节点。
(2) 确定节点重要度。节点重要度是定量描述区域内各节点间相对重要程度的指标,主要以总人口、工业总产值、人均收入等指标作为定量分析各节点重要度的指标。节点的层次结构如表2-1所示。当一条公路的主要控制点为A层节点时,该公路为主要干线公路；当主要控制点为 B 层节点时，该公路应为次要干线公路；当主要控制点为 C 层节点时，该公路应为主要集散公路；当主要控制节点为 D 层节点时，该公路应为次要集散公路；当主要控制点为 E 层节点时，该公路应为支线公路。

表 2-1 节点的层次结构

节点层次	中心节点	主要节点
A	北京	各省会、自治区首府、直辖市、特区
B	省会或自治区首府	各地（市）政府所在地
C	地（市）政府所在地	各县（市）政府所在地
D	县（市）政府所在地	各乡、镇政府所在地
E	乡、镇政府所在地	各行政村

（3）添加公路网，并根据节点重要度，确定各条公路的功能分类。

（4）根据各功能分类的公路里程及交通量，计算里程比率及车公里比率，绘制形成路网里程比率—车公里比率标准累积曲线图。

（5）拟建项目或同一区域内存在主要控制点相近的两条以上公路时，应通过路网服务指数确定其功能类别。

路网服务指数为公路车公里比率与公路里程比率之比。路网服务指数越大，则公路功能类别越高。其计算方法为：规划区域内有 n 条公路，则第 i（$i=1,\cdots,n$）条公路的车公里比率 R_{VMT_i}、里程比率 R_{k_i} 及路网服务指数 R_i 按式（2-1）～式（2-3）计算。

车公里比率：
$$R_{\mathrm{VMT}_i} = \frac{VKT_i}{\sum_i VKT_i} \times 100\% \tag{2-1}$$

里程比率：
$$R_{k_i} = \frac{K_i}{\sum_i K_i} \times 100\% \tag{2-2}$$

路网服务指数：
$$R_i = \frac{R_{\mathrm{VMT}_i}}{R_{k_i}} \tag{2-3}$$

其中：VKT_i——路网中第 i 条公路的车公里（pcu·km），即该公路上通过的车辆数与平均行驶距离的乘积；

$\sum_i VKT_i$——规划区域内路网中所有公路的车公里之和（pcu·km）；

K_i——第 i 条公路的里程（km）；

$\sum_i K_i$——规划区域内路网中所有公路的总里程（km）。

（6）公路功能分类指标包括区域层次、路网连续性、交通流特性和公路自身特性等定性和定量指标。不同地区经济发展水平与地形、地貌差异直接影响到分类指标的选取。各地区可根据规划区的实际情况自行确定。推荐的公路功能分类量化指标如表 2-2 所示。

表 2-2 公路功能分类指标

分类指标	功能分类				
	主要干线公路	次要干线公路	主要集散公路	次要集散公路	支线公路
适应地域与路网连续性	人口20万以上的大中城市	人口10万以上重要的市县	人口5万以上的县城或连接干线公路	连接干线公路与支线公路	直接对应于交通发生源
路网服务指数	≥15	10～15	5～10	1～5	<1
期望速度	80km以上	60km以上	40km以上	30km以上	不要求
出入控制	全部控制出入	部分控制出入或接入管理	接入管理	视需要控制横向干扰	不控制

2.1.2 本条与《标准》（2014）一致，对技术等级划分的依据和高速公路设计交通量进行了修订。

（1）技术分级

本次修订从汽车运行质量、控制出入、车道数与车道内是否专供汽车行驶等几个方面考虑。

高速公路单向最少设置两个车道，对允许进入的车辆进行限制，设置中央分隔带分隔对向交通，采用立体交叉接入等措施全部控制出入，排除纵横向干扰，为通行效率最高的公路。

一级公路单向至少设置两个车道，根据功能需要采取不同程度的控制出入。具备干线功能的一级公路，为保证其快速、大容量、安全的服务能力，通常采用部分控制出入措施，只对所选定的相交公路或其他道路提供平面出入连接，而在同其他公路、城市道路、铁路、管线、渠道等相交处设置立体交叉，并设置隔离设施以防止行人、低速车辆、非机动车以及牲畜等进入；而当一级公路用作集散公路时，纵横向干扰都较大，通常采取接入管理措施，合理控制公路和周围土地接口的位置、数量、形式，提高安全保障和服务水平。

二级公路是在行车道内供汽车行驶的双车道公路。当慢行车辆交通量较大，街道化程度严重时，可采取加宽硬路肩的方式增设慢行车道，减少纵横向干扰，保证行车安全。

三级公路、四级公路为供汽车、非汽车交通混合行驶的双车道公路（四级公路在交通量较小时采用单车道），允许拖拉机等慢行车辆和非机动车使用行车道，其混合交通特征明显，抑制干扰能力最弱。

（2）设计交通量

本次修订与《标准》（2014）一致，将适应交通量更名为设计交通量，并对高速公路、一级公路的设计交通量范围进行了调整。其设计交通量受车道数、设计小时交通量系数、方向分布系数及道路条件等多个因素影响，公路服务水平由四级调整为六级，即将原二级服务水平细分为二级和三级，原四级服务水平变为五级与六级，以体现依据公

条文说明

路功能和地区差异选取设计服务水平的灵活设计思想。

多车道公路远景年不同服务水平下的年平均日交通量，按式（2-4）计算：

$$AADT = \frac{C_D N}{KD} \tag{2-4}$$

式中：$AADT$——年平均日交通量（pcu/d）；

C_D——设计服务水平下单车道服务交通量；

K——设计小时交通量系数，由当地交通量观测数据确定；

D——方向不均匀系数；

N——单方向车道数。

按照公路功能决定技术等级的原则，干线功能公路设计服务水平由三级提高至二级，而且设计小时交通量系数、方向分布系数均采用最不利数值，推算出高速公路、一级公路设计年平均日交通量下限值为 15 000 辆/日。

双车道公路通行能力与设计交通量受双方向流量比、超车视距、管理水平、路侧干扰等多项因素的影响，故二级公路、三级公路、四级公路设计小时交通量应按整个断面交通量计算，而且设计通行能力与设计交通量的范围有一定的重叠交叉。其年平均日设计交通量应按式（2-5）计算：

$$AADT = C_D \times R_D / K \tag{2-5}$$

式中：$AADT$——年平均日设计交通量（pcu/d）；

C_D——二级公路、三级公路、四级公路的设计通行能力；

R_D——二级公路、三级公路、四级公路的方向分布修正系数；

K——设计小时交通量系数，根据当地交通量观测数据确定。

按公式计算，设计推荐采用的双车道二级公路上限交通量 15 000 辆/日，可作为双车道公路与多车道公路的交通量门槛值。单车道的四级公路考虑到当前公路建设的政策、各等级公路年平均日设计交通量范围的连续性等，其设计交通量为 400pcu/d 以下。二级公路、三级公路、四级公路年平均设计日交通量如表 2-3 所示。

表 2-3 二级公路、三级公路、四级公路的年平均日设计交通量

公路等级	设计速度（km/h）	设计通行能力（pcu/d）	方向分布修正系数	设计小时交通量系数	年平均日设计交通量（pcu/d）
二级公路	40~80	550~1600	0.88~1.0	0.09~0.19	5 000~15 000
三级公路	30~40	400~700	0.88~1.0	0.1~0.17	2 000~6 000
四级公路	20	<400	0.88~1.0	0.13~0.18	<2 000

2.1.3 公路采用的设计车辆其外廓尺寸、载质量和动力性能是确定公路几何参数的主要依据。根据调研显示，当前运营车辆的外廓尺寸有较多车辆长度超过 16m，出现了 18m、20m 甚至到 26m 的超长车辆。从公路投资与车辆行驶安全考虑，本次修订根据我

国《汽车、挂车及汽车列车外廓尺寸、轴荷及质量限值》（GB 1589—2016）的规定，考虑满足标准运营车辆100%的需求条件，增加了大型客车和铰接客车两种车型，并将原来的鞍式列车调整为18.1m长、2.55m宽的铰接列车。

在公路项目设计中，应根据公路功能及车辆组成情况，综合确定所选用的设计车辆；并依据设计车辆的外廓尺寸、转弯行迹、综合性能等参数，进行公路路线与路线交叉的几何设计，使得公路主线、各类交叉与出入口等均满足对应设计车辆的正常通行条件。

从公路项目所承担的功能角度，干线公路和主要集散公路的设计车辆应选择小客车、大型客车、铰接客车、载重汽车、铰接列车等五种；次要集散公路的设计车辆应包括小客车、大型客车、载重汽车；支线公路的设计车辆应包括小客车和大型客车。对于有特殊通行要求的公路，其设计车辆可论证确定。

公路五种设计车辆代表车型的外廓尺寸如图2-1所示。

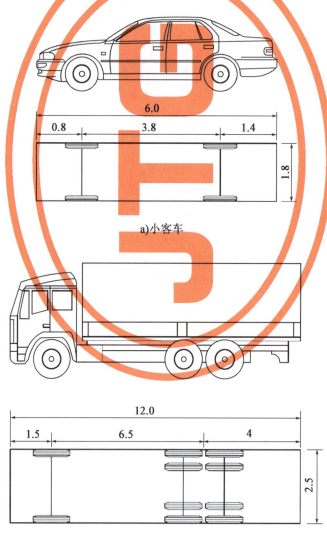

图 2-1

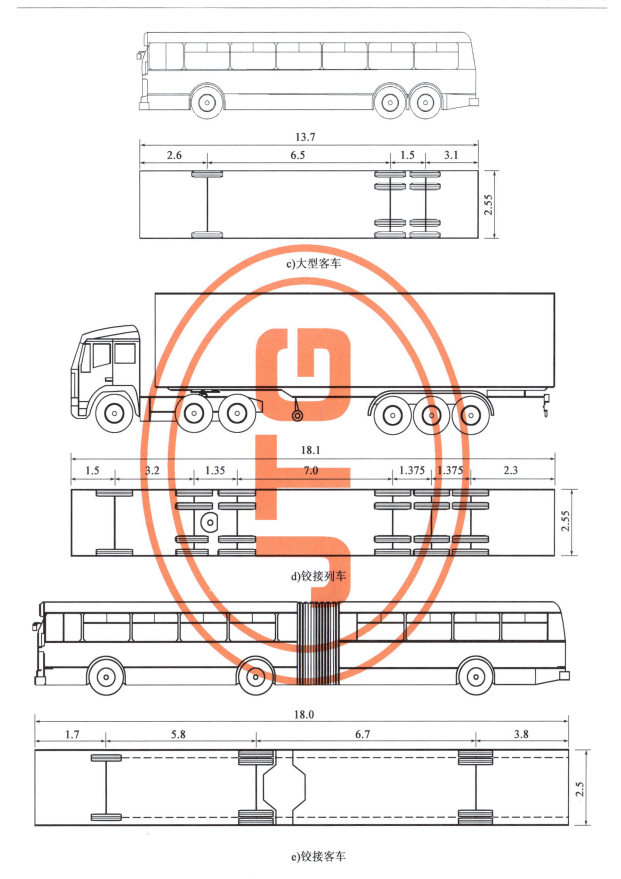

c)大型客车

d)铰接列车

e)铰接客车

图 2-1 设计车辆代表车型的外廓尺寸（尺寸单位：m）

2.2 公路技术等级与设计速度选用

2.2.1 交通量预测中一个主要指标是预测年限。新建或改建公路，不应只根据现有交通量，而应考虑到远期可能发展的交通量。确定公路的使用年限是困难的，因为不同构造物的实际使用寿命（或使用年限）是不相同的，如路基的使用年限预计可达50年或100年；路面为15～30年；桥梁为25～100年。以上预计年限是以正常养护和构造物不废弃为前提的，桥梁的使用寿命随重型载荷的累计频率而变化；路面的使用寿命则取决于路面结构和累计轴载。

设计交通量按多少年预测，这在很大程度上受经济的影响。如果预测年限长，初期投资大，养护投入也大，若初期不能充分发挥效益，将导致资金和设施的闲置和浪费；如果预测年限短，通车几年后交通量很快饱和，而不得不扩建，既影响交通，又增加建设成本。当然，一条公路在超出设计年限后，仍会长期继续服务下去，只是服务水平下降，例如运行速度降低、驾驶自由度极大受限等。

公路远景预测设计年限既要考虑适应一定时期内的交通需求，又要兼顾公路投资和结构物使用年限，而应有所差异。但过长会因诸多因素的不确定性导致预测交通量误差偏大，设施闲置。故依据国内外经验，本次修订将高速公路、一级公路设计交通量预测年限，均规定为20年。二级公路、三级公路按15年预测；四级公路交通量较小，设计年限可根据实际情况确定，不排除合理地延长或减少。

同时在选定等级之前，功能是已知条件，故预测年限应与功能挂钩。也就是说，功能越强，预测年限应该越长，越需要长远考虑土地的合理利用和布局。在《标准》（2014）中虽然提到功能，但没有将公路的功能——明确地与预测年限对应，而是依然与等级挂钩规定了各级公路的预测年限，为了方便实际应用，公路等级的确定应该有交通量作为基础，而交通量预测首先应该有预测年限。因此，在实际工作中可取两个相邻年限分别预测，再结合公路功能与地形等条件综合选定公路的等级。

2.2.2 本条突出以公路功能选取公路技术等级的理念，同时考虑到不同地区经济发展水平与地形、地貌差异等影响。各地公路交通发展不均衡，为了体现差异性，同一功能类别的公路不宜只对应一个技术等级的公路。选用技术等级时，应首先根据公路网规划、地区特点、公路的交通特性等因素确定公路功能，然后根据功能结合交通量论证选用公路等级。

1 《标准》（2014）第3.1.2条第2款规定，主要干线公路应选用高速公路。本次路线规范修订结合公路技术等级划分考虑的因素，体现交通量、区域差异等对本款进行了细化。规定一般情况下，即年平均日设计交通量在15 000辆小客车以上时或沿线路侧干扰大时，应采用高速公路。特殊条件下，即在城镇密度低、非机动车与行人稀少的地区，且年平均日设计交通量低于15 000辆小客车时，可选用一级公路或二级公路。但为了保障主要干线功能，应增加控制干扰的措施，规定主要干线公路选用一级公路时，必须实施部分控制出入；选用二级公路时，必须实施接入管理等措施，当货车混入率较高时，宜间隔设置超车车道，减小纵横向干扰。当条件变化时，接入管理与部分控制出入等措施无法满足主干线公路的功能时，应改建为高速公路。

部分控制出入：为降低对路内交通的干扰，除特定条件（主线交通量小，且被交公路的设计小时交通量小于60辆时）下允许设置少数平面交叉外，其余采用全部控制出入。部分控制出入主要适用于主要干线的一级公路。

接入管理：为保障主线车辆的安全行驶，对来自路侧接入口的数量、形式和间距进行控制与管理，使其对主线交通的影响减至最低。接入管理主要适用于次要干线与集散的一级公路与二级公路。

2 《标准》（2014）第3.1.2条第3款规定，次要干线公路应选用二级及二级以上公路。本次修订仍依据功能，结合交通量及不同公路等级控制干扰的能力进行技术等级的选用进行细化。特别对次要干线公路中年平均日设计交通量达到10 000辆小客车时，如果沿线纵横向干扰较大，宜选用一级公路，并实施接入管理。对于二级公路基准条件下，设计服务水平下的最大服务交通量为15 000辆小客车/日，如果沿线纵横向干扰较大时，设计服务水平下的最大服务交通量将下降至10 000辆小客车/日，当交通量达到此等水平时，很难满足次要干线公路，短时间内需要改建，因此推荐选用一级公路。

对次要干线公路当交通量小于10 000辆小客车/日时，且沿线土地开发程度低、混合交通影响不大时，为保障次要干线公路机动功能，可采用间隔设置超车车道的措施减小纵向干扰。根据相关研究成果，间隔设置超车车道的二级公路，存在安全隐患，主要原因为分隔形式为非物理分隔及驾驶人没有严格按画线行驶，基于此，国外多个国家采用物理隔离形式分隔对向车道，该形式可保障其运营安全水平，可提高通行能力约15%。

2.2.3 设计速度是确定公路几何设计指标并使其相互协调的基本要素。一经选定，公路的所有相关要素如平曲线半径、视距、超高、纵坡、竖曲线半径等指标均与其配合以获得均衡设计。目前，基于设计速度的路线设计方法已为设计人员所掌握，因此本次修订保持与《标准》（2014）的规定相一致。

1 高速公路的设计速度不宜低于100km/h，目的是保证高速公路的安全与舒适。国内外高速公路的运营实践表明：设计速度低于驾驶员的期望差异较大时，运行过程中极易诱发交通事故，而且复杂地形条件下的高速公路大多选在一个区域走廊带内，待经济发展需改造时，提升线形指标很困难，故将80km/h作为高速公路设计速度的最低要求。

3 高速公路和作为干线一级公路的局部特殊困难路段，经论证可以采用60km/h设计速度，其涵义是包括技术、经济、安全、环保和社会等方面的综合比选论证。论证通过后，才能作为特殊困难的路段考虑，并且要求小于一个设计路段的长度即小于15km；同时考虑到个别越岭路段地形条件受限时，往往可能大于15km，针对这一特定条件将其放宽到相邻两互通式立体交叉之间的路段，但应注意线形衔接和交通工程设施的配合。

本次修订体现了功能类别高的公路优先考虑较高的设计速度,公路类别较低的公路宜选用较低设计速度的理念,即一级公路和二级公路、三级公路应按公路在路网中的交通功能选择设计速度,只有当受地形、地质等条件限制时,可降低一档即20km/h。

2.2.4 设计路段是指公路采用同一技术等级、相同设计速度的区段。按照公路的使用任务、功能和远景交通量,一条公路可采用不同的技术等级。同一技术等级可分段采用不同的设计速度,这样设计更合理并能够顺应地形、地貌与地质等环境条件变化,有利于保护生态环境,符合我国建设资源节约型社会的发展要求。然而,不同设计速度之间的频繁变化也是诱发交通事故的原因之一,因此,采用不同设计速度的路段不应频繁变化,同一设计速度的路段不宜过短。根据以往建设与管理经验,一般情况下高速公路一个设计路段的长度不宜小于15km;一级公路、二级公路一个设计路段的长度不宜小于10km。

按照运行速度协调一致性的原则,不同设计速度的路段相衔接处前后的运行速度变化应小于20km/h,并随着设计速度由高向低(或反之)而逐渐由大向小(或反之)变化,使行驶速度自然过渡,就能确保车辆行驶顺畅安全。这就要求不同设计路段相互衔接处前后,路线线形主要技术指标应结合地形的变化随之逐渐过渡,设计速度高的一侧应采用较低的平、纵技术指标,反之则应采用较高的平、纵技术指标,使平、纵线形技术指标较为均衡,避免出现突变。

采用不同技术标准、不同设计速度的设计路段相互衔接的地点,一般应选在交通量发生变化处,或用路者能够明显判断前方需要改变行车速度处。高速公路、一级公路宜设在互通式立体交叉或平面交叉处;二级公路、三级公路、四级公路宜设在交叉路口、桥梁、隧道、村镇附近或地形明显变化处。

2.2.5 采用运行速度检验公路设计技术指标的协调性和一致性,其理论和方法已基本成熟,而且有了上万公里的工程实践。因此,本次修订明确规定采用设计速度进行公路设计时,同时应采用运行速度进行检验,从而保证相邻路段运行速度的协调性和一致性,提高公路运行安全和使用质量。

2.2.6 长期以来,公路限速一直是由公路交通管理部门根据设计速度确定的,由于与驾驶员的期望有差距而成为社会质疑的热点。本次修订提出选取运行速度v_{85}作为限速取值依据,同时考虑路段的安全纪录、路侧环境等情况,比较符合实际。

2.3 控制出入

2.3.1 控制出入就是对出、入口的数量,出、入口和主线的连接位置、方式加以控制。其作用是排除对交通流的纵向和横向干扰,提高公路服务质量、运行速度、通行能力和交通安全性。控制出入分为全部控制出入和部分控制出入。

控制出入只对所选定的被交公路、城市道路或服务设施提供出入连接。全部控制出入的公路有五项主要措施：第一，对允许进入的车辆加以限制，减小车速差，排除纵向干扰；第二，设置中央分隔带将上下行交通有效地分隔开来，使其互不干扰和影响；第三，每方向至少有两条车道以便超车，提高车速和通行能力；第四，在同其他公路、铁路、城市道路等交叉时必须设置立体交叉，严禁采用平面交叉；第五，必须设置隔离设施防止行人、牲畜等横向干扰。部分控制出入除允许特定条件下设置少数平面交叉外，其余和全部控制出入相同。

高速公路是全部控制出入的公路。为充分发挥其快速、安全、舒适的性能，应在长距离内采取控制出入的措施；而位于城市出入口或经济开发区的集散公路和双车道公路均为不控制出入的公路。

2.3.2 一级公路具有"干线"和"集散"两种功能。它具有供汽车分向行驶、承担大交通量、设计速度较高，但又不完全封闭的特点。选用一级公路时，更需要首先明确功能或服务目标，以便确定设计速度、横断面的布置以及是否采取控制出入措施等。

一级公路作为干线公路时，应采用较高的设计速度，并根据需要决定是否采取控制出入。在交通量小的路段，应利用路网归并地方公路，只有在被交公路的设计小时交通量小于60辆时方可设置平面交叉，且平面交叉设计应做好渠化设计；一级公路作为集散公路时，应实施接入管理，研究如何合理控制公路与周围土地接口的位置、数量和形式，尽量减少对直行车辆的影响，充分考虑断面形式与布置，以满足交通组成的需要，宜采用较低的设计速度，平面交叉设计应考虑交通流等情况，合理布置并做好渠化设计和设置完善的交通工程设施，以尽量减少纵、横向干扰。

控制出入和减少纵、横向干扰是不同的两个概念。从广义上来讲，减少纵、横向干扰也能起到防止进入的作用，对提高车速、通行能力和交通安全程度会起到某种程度的有利作用，但这与控制出入（不论是完全或是部分控制出入）有质的区别。"控制出入"是对出、入公路的车辆，对出、入的数目、位置和与主线的连接方式进行全面控制，以起到排除干扰的作用，这是局部或部分减少纵、横向干扰所达不到和不能相比的。

关于干线功能的一级公路设置平面交叉的条件，是参考了美国《州际公路几何设计标准》的规定，即：只有在人烟稀少的乡村地区，当其离开市区或其他交通源有一定距离而不受影响时，可以允许设置少数平面交叉，但还需满足以下条件：①州际公路的设计小时交通量（DHV）小于500辆；②与州际公路平面交叉的道路交通量增加潜力很小，目前平均日交通量（ADT）不超50辆等。

2.3.4 在控制出入的公路上，必要时应在能够提供紧急救援、消防、医疗等条件的地点设置紧急出口，专供处理事故的特定车辆使用。其位置应选择在通视良好，与外部公路连接方便的地点。紧急出口宜采用上、下线相对设置。

紧急出口与外部公路的连接道路,有条件时公路等级可以高一点,一般不宜低于三级公路。紧急出口开口长度一般采用15m,并以漏斗形通过连接道路与外部公路相接。靠近紧急出口的连接道路上应设置活动式栅栏,平时封闭以防止其他无关车辆进入主线。

条文说明

3 公路通行能力

3.1 一般规定

3.1.1 通行能力和服务水平分析与评价包括公路规划和设计分析、运营分析两个阶段。公路规划和设计分析的目的是确定公路等级，计算在特定的运行状况条件下，所承担交通量需要的公路几何构造，如车道数、车道宽度、交叉类型等，并预测其他一些设计要素（如预留中央分隔带、调整路肩宽度、设置爬坡车道等）对通行能力和运行特性的影响。简而言之，就是在已知交通量的情况下，确定规定服务水平的标准横断面宽度。

运营分析的目的是在现有或规划交通需求下，确定交通流的运行状况和公路设施所能提供的服务水平等级，并计算实际条件下的通行能力，确定在保持某一服务水平的前提下所能通过的最大服务流量。通过分析，可评价公路运行状况，为公路交通管理部门制定合理的交通管理措施提供依据，以保证公路处于良好的运行状况。

通行能力是指公路设施在正常的公路条件、交通条件和驾驶行为等情况下，在一定的时段（通常取 1h）内可能通过设施的最大车辆数。将这些条件用服务水平标准来衡量时，就得到各级服务水平下的服务交通量。公路通行能力反映了公路设施所能疏导交通流的能力，作为公路规划、设计和运营管理的重要参数。通行能力根据使用性质和要求，通常定义为以下三种形式：

（1）基准通行能力：在基准的道路、交通、控制和环境条件下，均匀路段的一条车道或特定横断面上，特定时段内所能通过的最大小时流率，通常以 pcu/h/ln（辆标准小客车/小时/车道）或 pcu/h（辆标准小客车/小时）为单位。

（2）设计通行能力：在预计的道路、交通、控制和环境管制条件下，条件基本一致的一条车道或特定横断面上，在所选用的设计服务水平下，特定时段内所能通过的最大小时流率，通常以 pcu/h/ln 或 pcu/h 为单位。因此，设计通行能力与选取的服务水平级别有关。

（3）实际通行能力：在实际或预计的道路、交通、控制和环境条件下，已知公路设施的某车道或特定横断面上，特定时段内所能通过的最大小时流率，通常以 veh/h/ln（辆自然车/小时/车道）或 veh/h（辆自然车/小时）为单位。其含义是设计或评价某一具体路段时，根据该设施具体的公路几何构造、交通条件以及交通管理水平，对不同服务水平下的服务交通量（如基准通行能力或设计通行能力）按实际公路条件、交通条件等进行相应修正后的小时流率。

以上三种通行能力并不能完全表达交通运行状况与通行能力的关系，但考虑到工程设计人员的多年习惯，并与《标准》（2014）中的设计交通量指标相对应，因此，仍沿用这三种通行能力的定义。

1　根据公路设施的重要程度，规定了需要进行通行能力和服务水平分析与评价的公路设施类型。对于高速公路、一级公路，本次修订增加了互通式立体交叉的分合流区和收费站路段的通行能力分析的规定。依据目前我国公路运营状况，存在高速公路分合流区与收费站路段拥堵常发的情况，因此，本次修订建议对这两类设施进行专门的通行能力与服务水平分析与评价，并保持与其他路段均衡。分析高速公路和一级公路各组成部分通行能力和服务水平，得到每一组成部分的服务水平等级，以了解全线服务水平的差别情况，并从整体出发，做出几何设计上的调整、改进，消除潜在瓶颈。

2、3　对于二级、三级公路，建议依据《标准》（2014）对公路功能分类的规定，作为干线公路的二级公路的平面交叉口，应进行通行能力和服务水平的分析与评价；而作为集散公路的二级、三级公路的平面交叉口，可视需要进行分析与评价。平面交叉口通行能力和服务水平的分析与评价参照交通运输部推荐标准《公路通行能力分析细则》。

3.1.2　由于控制出入、单一汽车交通或混合交通，以及公路几何构造、多车道或双车道、驾驶行为、运行规则等，都会影响交通运行条件以及运行方式，并由此影响通行能力和服务水平。因此，需要对条件不同的公路，分别进行通行能力和服务水平分析。高速公路与一级公路分方向分隔行驶，不同方向之间交通干扰与影响小，可忽略不计，且具备各自特性，通行能力分析与服务水平评价应分方向进行；二级、三级公路中间无分隔，双向交通流相互干扰、相互影响，通行能力分析与服务水平评价应按双方向整体进行。

互通式立交交叉的匝道、分合流区及交织区等设施各组成部分差异较大，交通流运行规则不同，驾驶行为各异，因此，通行能力分析与服务水平评价应分别进行。

由于特定纵坡路段中，大型车运行速度比小客车降低较多，使该路段成为基本路段上运行质量较差甚至最差的部分，其车辆折算系数变大，原折算系数不能适用。另外，当特定上坡路段的设计小时交通量超过其同向车行道的设计通行能力时，还需要设置爬坡车道。因此，需要对特定纵坡路段单独进行通行能力分析与服务水平评价。

3.1.4　路侧干扰因素分为5类，即支路车辆、路侧停车、行人、非机动车、街道化程度等。在公路设计时，可根据各项路侧干扰事件的数据，对各干扰事件的典型状况描述，粗略地确定该路段的路侧干扰等级。具体的详细分析，可根据《公路通行能力分析细则》相关规定进行。

3.2 服务水平

3.2.1 通行能力分析的目的是为了确定交通运行质量，因此通行能力的分析、评价必须与服务水平的分析、评价同时进行。服务水平是用路者在不同的交通流状况下，所能得到的速度、舒适性、经济性等方面的服务程度，亦即公路在某种交通条件下为驾驶者和乘客所能提供的运行服务质量。服务水平通常由速度、交通密度、行驶自由度、交通中断情况、舒适性和便利程度等来描述和衡量。

服务水平划分为六级，是为了说明公路交通负荷状况，以交通流状态为划分条件，定性地描述交通流从自由流、稳定流到饱和流和强制流的变化阶段。服务水平的划分，高速公路、一级公路以饱和度（v/C）作为主要指标；二级、三级公路以延误率和平均运行速度作为主要指标；交叉口则用车辆延误来描述其服务水平。

（1）一级服务水平，交通流处于完全自由流状态。交通量小，速度高，行车密度小，驾驶员能自由地按照自己的意愿选择所需速度，行驶车辆不受或基本不受交通流中其他车辆的影响。在交通流内驾驶的自由度很大，为驾驶员、乘客或行人提供的舒适度和方便性非常优越。较小的交通事故或行车障碍的影响容易消除，在事故路段不会产生停滞排队现象，很快就能恢复到一级服务水平。

（2）二级服务水平，交通流状态处于相对自由流的状态，驾驶员基本上可按照自己的意愿选择行驶速度，但是开始要注意到交通流内有其他使用者，驾驶人员身心舒适水平很高，较小交通事故或行车障碍的影响容易消除，在事故路段的运行服务情况比一级差些。

（3）三级服务水平，交通流状态处于稳定流的上半段，车辆间的相互影响变大，选择速度受到其他车辆的影响，变换车道时驾驶员要格外小心，较小交通事故仍能消除，但事故发生路段的服务质量大大降低，严重阻塞并形成排队车流，驾驶员心情紧张。

（4）四级服务水平，交通流处于稳定流范围下限，但是车辆运行明显地受到交通流内其他车辆的相互影响，速度和驾驶的自由度受到明显限制。交通量稍有增加就会导致服务水平的显著降低，驾驶人员身心舒适水平降低，即使较小的交通事故也难以消除，会形成很长的排队车流。

（5）五级服务水平，交通流处于拥堵流的上半段，其下是达到最大通行能力时的运行状态。对于交通流的任何干扰，例如车流从匝道驶入或车辆变换车道，都会在交通流中产生一个干扰波，交通流不能消除它，任何交通事故都会形成长长的排队车流，车流行驶灵活性极端受限，驾驶人员身心舒适水平很差。

（6）六级服务水平，交通流处于拥堵流的下半段，是通常意义上的强制流或阻塞流。这一服务水平下，交通设施的交通需求超过其允许的通过量，车流排队行驶，队列中的车辆出现停停走走现象，运行状态极不稳定，可能在不同交通流状态间发生突变。

由于用来衡量服务水平等级的主要参数随公路设施类型的不同而有所差异，各类公路设施评价服务水平的主要参数如表 3-1 所示。

表 3-1　各类公路设施评价服务水平的主要参数

公路设施类型	评价服务水平的主要参数
高速公路和一级公路的路段	饱和度 v/C 与速度差
互通式立体交叉的匝道及其交织区	饱和度 v/C 和密度
80km/h、60km/h 的二级公路路段	延误率（%）和平均速度（km/h）
40km/h 的三级公路路段（含 40km/h 的山区二级公路路段）	延误率（%）
平面交叉（无信号控制）	延误（s）
收费站	延误指数

三级公路在我国公路网中，大多是为乡（镇）村经济、文化、行政提供短途的可达性运输服务，对平均速度的要求不高，因此，设计速度较低的三级公路服务水平仅用延误率作为评价服务水平的主要参数。

公路规划、设计既要保证公路服务与车辆运行质量，还要兼顾公路建设的成本与效益。考虑到设计小时交通量是年第 30 位小时交通量，因此设计采用的服务水平不必过高，但也不能以四级服务水平作为设计标准，否则将会有更多时段的交通流处于不稳定的强制运行状态，并由此导致更多的时段内发生经常性的拥堵。因此，原则上高速公路和一级公路采用三级服务水平进行设计。基于使用功能差异，作为主要干线公路的高速公路可提高一级服务水平进行设计，作为集散公路的一级公路可降低一级服务水平进行设计。而二级公路、三级公路和平面交叉采用四级服务水平设计，同样，当二级、三级公路作为干线公路时，也可提高一级服务水平进行设计。

四级公路为支线公路和地方公路，主要提供短途的可达性运输服务，因此，四级公路服务水平不作规定，可视其用途、作用、目的等需求而确定。

3.3　设计小时交通量

3.3.1　设计小时交通量是确定公路等级、评价公路运行状态和服务水平的重要参数。设计小时交通量越小，公路的建设规模就越小，建设费用也就越低。但是，不恰当地降低设计小时交通量会使公路的交通条件恶化、交通阻塞和交通事故增多，公路的综合经济效益降低。因此将全年小时交通量从大到小按序排列，设计小时交通量的位置一般采用第 30 位小时，或根据当地调查结果控制在第 20~40 位小时之间。

3.4　高速公路、一级公路路段的设计通行能力

3.4.1　各地区在应用设计小时交通量系数（K）时，应尽可能地建立自己的数据库，确定符合地区特点的设计小时时位及设计小时交通量系数。当缺乏观测资料时，设计小

时交通量系数（K）也可按式（3-1）~式（3-3）进行计算：

（1）高速公路

$$K = [-4.1056\ln(AADT) + 49.9271] \times (1 + A) + \Delta \quad (3\text{-}1)$$

（2）一级公路

$$K = [-2.4283\ln(AADT) + 31.7670] \times (1 + A) + \Delta \quad (3\text{-}2)$$

（3）二级公路、三级公路

$$K = [-1.5648\ln(AADT) + 23.1640] \times (1 + A) + \Delta \quad (3\text{-}3)$$

以上式中：K——设计小时交通量系数（%）；

$AADT$——年平均日交通量（veh/d）；

Δ——公路所在位置的修正系数；城市近郊取0，公路取4.0%；

A——地区气象修正系数，$-10\% \leqslant A \leqslant 10\%$；一年中气候变化显著则选大值，平稳则选小值，其中：华北地区平均值为 -9.23%，东北地区平均值为8.31%，西北地区平均值为7.18%，华东、中南和西南地区可不修正。

3.4.2 高速公路、一级公路路段的设计通行能力虽然不同，但可合并计算。

（1）高速公路

根据交通运输部在北京、广东、浙江、河北、河南和辽宁等省（直辖市）52个高速公路观测路段的调查数据，建立了高速公路速度—流量关系，如图3-1所示。

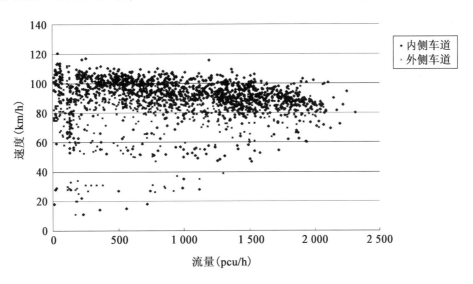

图3-1 高速公路速度—流量关系图

影响通行能力的主要因素随公路等级与公路设施类型的不同而异。虽然本规范提供了主要影响因素及其修正系数，但要说明的是：路面使用质量尤其是平整度、摩擦系数对通行能力的影响较大；而雨、雪、雾等气象因素以及交通事故等对通行能力的影响同样也较大。由于路面使用质量及气象的影响程度变化很大，目前也没有数据支持，故在主要影响因素中未计入这两种因素。因此，本规范中的通行能力与服务水平是在路面使用质量良好及气象条件正常情况下的关系及参数值。

另外，需要强调的是，本次修订将一级公路与高速公路通行能力计算合并在一起，共同都有路侧修正系数，对于高速公路封闭运营的特征，该指标取 1.0。

（2）一级公路

一级公路为供汽车分向、分车道行驶并可根据需要控制出入的多车道公路，且必须设置中央分隔带。从车辆运行特征来看：一级公路不同方向行驶的车辆互不干扰，车辆的超车行为是在同向超车道上完成，只有当同方向车流密度达到一定程度时，超车行为才会受到限制。所以，在不考虑拖拉机和其他横向干扰的理想条件下，一级公路的运行特性与高速公路相似，其通行能力可采用高速公路分析、评价的方法。由于一级公路未排除路侧干扰，车辆需要经常变换车道，侧向余宽不足，运行质量不如前者，其通行能力和服务水平均有一定程度的折减，因此，其通行能力应以高速公路作为基准，按路侧干扰等因素进行进一步修正。

本次修订对公路规模影响不大的因素进行了删减，对于具体的项目，需要进行系统、详细的分析时，可参照交通运输部推荐标准《公路通行能力分析细则》。

3.5 互通式立体交叉的通行能力

3.5.1、3.5.2 在进行高速公路规划和设计时，不仅要对高速公路路段通行能力与服务水平进行分析与评价，还应对互通式立体交叉的匝道、分合流区及其交织区和收费站进行分析与评价，以确定整条高速公路的综合通行能力和鉴别可能产生"瓶颈"的地段，并提出应采取的交通工程措施，使全线服务水平保持一致。

关于高速公路互通式立体交叉匝道、分合流区及其交织区和收费站路段的通行能力分析与评价，以及平面交叉的设计通行能力分析与评价，本规范仅对这两部分作了定性的规定，而其量化的分析方法和内容，可参照交通运输部推荐标准《公路通行能力分析细则》。

3.6 二级公路、三级公路通行能力

3.6.1 由于《标准》（2014）规定以小客车作为标准车型，因此采用了基于速度—流量分析和延误率—流量分析两种方法，分别确定理想条件下的二级公路、三级公路的通行能力值。

该研究是根据七省一市所观测的公路条件数据库、交通状况数据库的资料，建立速度与各种公路环境条件变量的统计模型，然后将每一观测点的实际行驶速度按行车道宽度、路侧干扰和地形条件等具体情况调整到理想条件下行驶速度，以此建立速度—流量关系模型（图3-2）和延误率—流量关系模型（图3-3）。

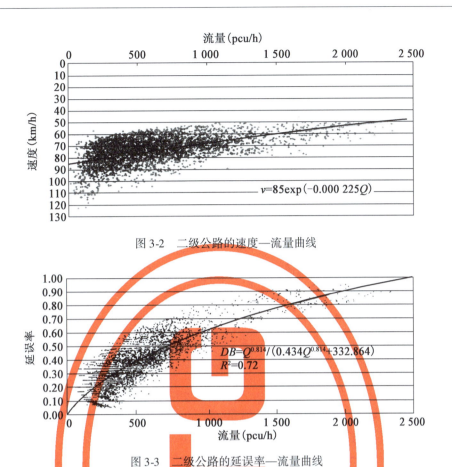

图 3-2 二级公路的速度—流量曲线

图 3-3 二级公路的延误率—流量曲线

二级公路、三级公路路段的设计通行能力中的二级公路基本通行能力取值主要反映了不同设计速度（80km/h、60km/h、40km/h）和不同路面宽度的影响，而不准超车区比例则反映了不同地形的差异。因此，同为 40km/h 设计速度的二级、三级公路，由于所处地形不同，其不准超车区比例会有较大的差异。如位于平原、微丘区 40km/h 的三级公路，其平、纵线形指标明显要高于重丘、山区 40km/h 的二级公路，导致不准超车区比例显然要高得多，v/C 比亦较大，故设计通行能力应取其上限；而重丘、山区 40km/h 的二级公路则应取其下限。

4 总体设计

4.1 一般规定

4.1.1 根据我国公路今后一段时期的建设特点和需求（完善路网结构、建设两个公路体系等），依据本规范修订的总体指导思想，对本章内容进行了扩增、深化和细化，以指导各级公路项目在勘察设计中重视、加强总体设计。修订后本章的主要内容包括：一般规定、公路功能与技术标准、建设方案与建设规模、环境保护与资源节约、设计检验与安全评价等五部分，从不同阶段、不同专业角度，细化总体设计的要点。

本次修订根据我国公路网建设条件和路网结构进一步完善的需求，扩大总体设计的内涵从"公路路线总体设计"到"公路项目的总体设计"，即在路线总体设计的基础上，把与公路项目勘察设计相关、但其他各专业规范未覆盖或各专业之间需要协调、统筹的内容均纳入进来。从一定意义上扩大了本规范覆盖的专业范围、扩大了适用和指导的范围，使得本规范实际上成为承接《标准》(2014)，覆盖公路勘察设计全专业、全过程的系统性行业技术指导文件。

本条明确总体设计的主要任务。公路功能是确定公路项目的技术等级、主要技术指标的基础条件。因此在总体设计中，首先应通过分析论证，结合公路建设项目的前期工作，进一步论证确定项目的功能定位。

4.1.2 强调总体设计应统一协调路线与各相关专业及项目内外部的衔接关系，统领整个公路项目设计，并最终实现路线与相关专业成为完整的系统工程，实现安全、环保、可持续发展的总体目标。

4.1.3 由于公路建设项目具有不同的建设条件和特点，总体设计的内容会有所差异，不能一概而论。总体设计环节和内容，应贯穿公路项目勘察设计的全过程，并随着项目建设阶段不同，逐步深入和细化。

4.2 公路功能与技术标准

4.2.1、4.2.2 分别明确要求总体设计中应论证确定公路的功能、技术等级、设计车型和车道数，并明确论证确定上述内容的主要依据和需要重点考虑的相关因素。其中论证确定公路功能是公路项目设计之初，应首先进一步论证确定的工作内容。第4.2.2条规定，一条公路可根据功能和交通量变化，论证分段采用不同的技术等级。

4.2.3 《标准》（2014）给出了五种不同的设计车型的外廓尺寸。原则上，不同功能和等级的公路项目，设计车型选用应有所差异和侧重。不是所有设计车型均适用于各技术等级的公路项目的。干线公路应满足五种设计车型的通行要求，同时与干线公路直接衔接的集散公路则应适当兼顾干线公路设计车型的通行需要。支线公路应以侧重满足小客车和载重汽车的通行要求为主。

4.2.4 高速公路和一级公路为多车道公路，其基本路段的车道数应根据公路功能和设计交通量确定。当车道数增加变化时，应上、下行两侧对称增加。特殊条件时，经论证也可非对称增加。

4.2.5 沿线地形、地质与自然等条件是影响公路设计速度的主要因素，设计速度选用与沿线地形、地质与自然等条件相适应已成为共识。因此，本条规定有别于之前很多项目习惯性长距离、大路段采用一个设计速度的做法，明确要求公路主要几何指标与设计速度密切相关，实现公路总体线形与沿线地形等条件相适应、相契合，首先应从分段论证确定设计速度开始。不同技术等级、不同设计速度的设计路段相互衔接的地点和位置选择应合理，避免在公路项目的基本路段进行设计速度过渡变化，条文第2款给出了不同技术等级和不同设计速度衔接变化的推荐地点和位置。另外，关于设计路段的说明请同时参阅本规范第2.2.4条的条文说明。

4.2.8 本条明确改扩建公路项目在技术标准和指标采用的总体原则。同时，结合改扩建公路的特点，允许局部条件受限路段其设计速度和几何指标可适当降低，但不应降低技术标准。例如，对于高速公路项目而言，不应因局部条件受限，技术标准从高速公路降低为一级或二级公路。

4.3 建设规模与建设方案

4.3.1~4.3.8 本节结合我国公路建设经验和相关科研成果结论，分别明确了我国不同地域特点、不同建设条件下，各级公路项目在建设规模确定、建设方式确定、项目与沿线路网和主要交通源的衔接方式确定、路基横断面形式选择、交叉位置与方式选择、路线方案选择、交通工程与沿线设施布置、改扩建方案论证等方面的要点和要求。本规范中述及的"建设方式"是指根据公路项目建设条件和特点，因地制宜采用的分期、分幅、分段等的工程建设方式。

4.3.2 本条第3款根据部颁《关于西部沙漠戈壁与草原地区高速公路建设执行技术标准的若干意见》（交公路发〔2011〕400号）的相关内容编制，应用时可参阅该文件要求。

4.3.4 本条中关于公路"建筑控制区"的要求，依据《公路安全保护条例》（中华人民共和国国务院令，第593号）的相关规定。

4.3.5 一级及一级以下公路在穿越和靠近城镇的路段，应根据沿线实际情况并考虑沿线群众出行方便和安全等因素，合理设置交叉位置和方式。同时，为减少这些路段行人和非机动车辆随意穿越公路的现象，消除因此而产生的各类安全问题，必要时应考虑设置一定的隔离设施。

4.3.6 本条提出了各级公路交通工程和沿线设施设置原则、配置标准和建设规模的要点，强调交通工程及沿线设施作为公路建设的重要组成部分，应按照"三同时"原则，与主体工程同步设计，并贯彻落实路线总体设计的思想和相关控制及影响因素，使其能与路线设计成为有机的系统性工程。但当建设初期预测交通量较小时，可通过论证采用一次规划、分期建设的方案。

4.3.8 结合部颁《关于西部沙漠戈壁与草原地区高速公路建设执行技术标准的若干意见》（交公路发〔2011〕400号）及《高速公路改扩建工程技术政策》等相关专题研究结论，在对我国公路改扩建调研总结的基础上，本条明确对改扩建工程总体设计应掌握的基本原则和改扩建交通组织、辅道建设、路基洪水频率等确定的要点等。其中对既有公路路基、桥梁、隧道等的利用方案，应在对原有路线进行安全性评价，对原有路基、桥梁和隧道等构造物进行结构、承载能力和可靠度等检测与评价的基础上论证确定。

4.4 环境保护与资源节约

4.4.1～4.4.4 提出公路项目总体设计应贯彻的环境保护原则，落实环境保护"三同时"制度，以及在路线走廊带选择、方案比选、取弃土场设置、建设临时用地环境恢复等方面的设计要点。

4.4.5、4.4.6 提出公路项目总体设计在资源节约、材料再生利用等方面的要点内容，倡导对水资源、钢材、沥青与水泥混凝土路面等的循环利用或再生利用。

4.5 设计检验与安全评价

4.5.1 实践表明，相邻路段间运行速度的协调性和运行速度与设计速度的一致性是影响交通运行安全的主要因素，检验的重点在于这两个方面，而检验的目的则是对路线设计方案进行优化和调整，因此，必要时设计检验过程可多次循环。

4.5.2 贯彻《标准》(2014)对交通安全性评价的规定和要求，着重强调应根据交通安全性评价的结论，对应优化设计、完善设施，包括拟定运营期的交通组织管理和速度控制等措施方案。结合《国家道路交通安全科技行动计划项目》(一期)、《公路工程建设关键技术指标与参数研究》(一、二期)等相关课题对我国当前各级公路交通安全问题的调查和研究结论，重点对连续长陡纵坡路段、路侧临水临崖等高危路段提出了安全性评价及完善相关措施的要点内容。

本条文所提及的"连续长陡纵坡路段"并非特定的坡度、坡长或坡度与坡长组合，而是在对连续的、相对坡度较陡或坡长较长的路段进行综合分析评价之后，认为路段通行能力存在明显降低或路段行车安全性存在影响的路段。由于对路段通行能力和行车安全性影响的分析评价，不仅与路段的坡度、坡长等几何指标有关，而且与路段的交通量、车型组成、主导性车型的性能条件以及路侧环境等因素有关，因此，对于具体项目或路段而言，是否属于"连续长陡纵坡路段"需经过交通安全性评价来综合分析确定，包括对路线设计优化、安全设施完善以及路段交通组织与管理的措施建议等。本条文中提及的"路侧临水、临崖"路段，一般是指依据现行《公路交通安全设施设计规范》(JTG D81)的相关规定，路侧安全净区宽度小于对应宽度要求的情况。

5 选线

5.0.1 本条规定了选线工作所应涵盖的全过程及工作内容。

5.0.2 路线方案是由路线控制点决定的。路线控制点可以是路线起、终点，必须连接的城镇、重要园区、工矿企业、综合交通枢纽，以及桥梁、隧道、互通式立体交叉、铁路交叉等的位置。其中路线起、终点，必须连接的城镇、重要园区、工矿企业、综合交通枢纽，以及特定的特大桥、特长隧道等的位置，是项目建议书中指定的路线必经之地，也是最主要的控制点。由这些控制点所决定的大的路线方案即称为路线基本走向。

在路线基本走向控制点间，还有若干对路线方案起一定控制因素的点或位置，如：一般性特大桥、大桥、一般性特长隧道、长隧道、互通式立体交叉、铁路交叉、管线交叉等的位置，河流的哪一岸、城镇的某一侧、同一山岭的哪一垭口、垭口的哪一侧展线等。这些控制点都将决定路线的局部方案，因此由这些控制点所决定的路线方案即称路线走向。

至于中、小桥，涵洞，中、短隧道，以及一般构造物的位置，对路线方案而言，一般不起控制作用。故在确定其位置时，应服从路线走向。

5.0.3 不同设计阶段的选线工作重点不同，因此随着工作阶段的继续和选线工作的深入，选线应是不断筛选、重复优化的过程。实际工作中，从工程可行性研究开始，直至施工图设计都应重视这一工作。

5.0.4 公路选线应考虑的因素很多，且变化很大。同一条件下，往往随设计人员的经验、水平与手法不同，其设计可能各异，故只能根据实践经验的总结，拟定选线中应遵循的一般规律，作为原则性条文供设计人员使用，并通过实践，不断取得经验、总结提高。本条择其主要因素进行了规定：

1 强化公路功能这一基本原则的理念。

2 必须由面到带、由带到线、由浅入深、由轮廓到具体，在详细调查与勘察的基础上反复比较论证。

3 选线应考虑同农田与水利建设、城市规划以及矿产资源开发的配合。

4 根据《中华人民共和国土地管理法》规定，国家实行土地用途管制制度，将土地分为农用地、建设用地和未利用地。严格限制农用地转为建设用地，控制建设用地总量，对耕地实行特殊保护。建设用地是指建造建筑物、构筑物的土地，包括城乡住宅和公共设施用地、工矿用地、交通水利设施用地、旅游用地和军事设施用地等。

5、6 保护文物。根据《中华人民共和国文物保护法》规定，古文化遗址、古墓葬、古建筑、石窟寺、石刻、壁画、近代现代重要史迹和代表性建筑等为"不可移动文物"，根据其历史、艺术、科学价值，可以分别确定为全国重点文物保护单位，省级文物保护单位，市、县级文物保护单位，并予以保护。鉴于古文化遗址、古墓葬等未发掘前很难判断其准确位置，故应根据文物保护单位的等级，认真调查，尽可能地予以避开。同时路线选定时应注意保护水源地，并远离危险源。

7 利用原有道路资源进行改扩建，节约土地、集中高效、环保的优点是明显的，造价一般也更低，故鼓励改扩建在充分研究的基础上，发挥技术创新优势，尽可能利用原有道路资源，将利用与改扩建有机地结合。

5.0.5 选线控制因素是多方面的，经讨论提出以下具体要求：

1 注重工程地质调查、勘察，查清对公路工程的影响程度。遇有活动断裂带、滑坡、崩塌、岩堆、泥石流、岩溶、采空区、软土、泥沼等不良工程地质的地段应慎重对待。高速公路、一级公路和承担干线功能的二级公路，一般选择绕避，当必须穿过时，应选择合适的位置，缩小穿越范围，并采取切实可行的工程措施。其他等级公路在工程规模和造价增加有限时，宜优先采用绕避方案。

2 应注重对沿线学校、医院、养老院、城乡居民聚居区等各类敏感点的调查，尽可能减少对其产生影响；资源是人类生存发展的物质基础，矿产资源属于非可再生资源，应尽可能减少压覆。

3、4 结合公路自身功能、定位和作用，协调同路线控制点的衔接，与港口、机场、车站、城镇、枢纽场站等交通源相衔接时，宜利用城市环线或设置连接线，与城镇发展规划相协调。

5 随着我国公路基础建设的快速发展，越来越多的公路修建于崇山峻岭地区，选线要综合考虑桥梁、隧道、互通式立体交叉、服务区等构造物布设的位置和高程条件，协调相互关系。

6 处理好与公路、铁路、输电线路、输油管道、输气管道等的关系，尽量节约资源选线的重要任务之一。

7 在平原地区公路选线宜采用较高的技术指标，但应尽量避免采用长直线或小偏角的平曲线。

8 垭口位置和高程通常是山岭区路线展线的控制要素之一，因此，山岭区选线应综合考虑地形、地质、水文、气象、气候等自然条件，合理利用垭口。

9 沿河（溪）线选线时，应视需要对顺水桥梁方案与路基方案进行比选论证。

5.0.6 公路选线方法一般分为纸上定线和现场定线。为保证纸上定线成果的准确性和合理性，本条强调在高速公路、一级公路采用纸上定线方法时，必须进行现场核定。

随着工程勘测技术和计算机辅助设计（CAD）技术的发展，目前在各级公路勘察设计中，已普遍采用CAD技术方法，与传统的纸上定线方法比较，路线设计与优化的效率显著提高。但对公路选线定线而言，CAD技术从原理上可理解为是对纸上定线方法的拓展，因此，采用CAD技术选线定线时，也必须进行现场核定。

5.0.7　选线还应注意运用遥感、航测、卫星定位、数字技术等新技术，以确保勘察的广度、深度和质量，避免遗漏有价值的路线方案。

6 公路横断面

6.1 一般规定

6.1.1 本条系根据《标准》(2014)中第4.0.2条~第4.0.14条规定的横断面组成要素而制定。其中1~3款规定各级公路路基横断面形式的主要组成部分。

6.1.2 公路功能、技术等级、交通量和地形等条件是确定公路路基横断面形式的主要因素。

  1 对高速公路和一级公路而言，整体式路基和分离式路基均是常规的、一般性的断面形式，应根据项目建设条件、用地等因素，因地制宜选用。以往在实际项目中，往往由于分离式路基断面形式的设计过程相对复杂，一般默认选择采用整体式断面的指导思想应逐渐转变。

  2 根据对国内外多车道高速公路项目的相关调查研究，包括"国家道路交通安全科技行动计划项目(一期)"对多车道高速公路断面形式等的研究成果，本次修订对双向十车道及以上高速公路的路基断面形式给出了推荐性意见。即双向十车道及以上的高速公路宜采用内、外幅分离的路基横断面形式。借鉴国外复合式多车道高速公路的交通组织经验，推荐内幅宜以通行过境交通或客运交通为主，外幅宜以通行区域交通或货运交通为主的交通组织与管理方式。

  3 二级、三级、四级公路由于其主要采用双车道，并且部分路段允许借用对向车道进行超车，因此二级、三级、四级公路的路基横断面形式原则应采用整体式断面。当局部采用分离式断面时，应特别注意强化交通组织和交通标志提示，避免误行等现象。

6.1.3 公路技术等级、交通量与交通组成、横断面各组成部分的功能是确定路基宽度组成的主要因素。

  1 贯彻《标准》(2014)修订的主导思想，本次规范修订取消了对各级公路路基宽度的具体规定，改变了上一版《规范》中各级公路路基宽度总宽度和各部分宽度"双控"的做法。修订后《规范》的相关条文，仅对路基横断面中各部分的宽度做出了规定，并明确了各部分宽度取用条件、适用情况等。

  2 根据规范修订全国调研和《标准》(2014)的修订成果，本规范修订增加允许具有集散功能的一级和二级公路，在非机动车、行人密集的路段，可根据需要设置侧分隔带、非机动车道和人行道，且路基总宽度中应包含这些部分的宽度。对于非机动车道和人行道的具体宽度等，可论证参考相关专业规范。

3、4 一级公路、二级公路在慢行车辆较多时，可利用右侧硬路肩增置慢车道。但是根据相关经验，本规范要求对于一级公路设置慢车道时，应在车道与慢车道之间设置物理隔离设施，以减少慢车道交通对车道内车辆通行的影响。对于二级公路要求车道与慢车道之间采用画线分隔，并要求对应路段最高限速不应超过60km/h，以提高路段的交通安全性。

6.2 车道

6.2.1 车道是指专为纵向排列、安全顺适地通行车辆为目的而设置的公路带状部分。为了交通安全和行驶顺适，应根据交通组成、车速高低而确定各种车辆以不同速度行驶时所需的宽度。本次修订根据设计速度规定了相应的车道宽度，设计速度为120km/h、100km/h、80km/h时采用3.75m；设计速度为60km/h、40km/h时采用3.50m；设计速度为30km/h、20km/h并且为双车道时分别采用3.25m、3.00m；设计速度为30km/h、20km/h并且为单车道时均采用3.50m。

1 《标准》（2014）规定，八车道及以上公路在内侧车道（内侧第1、2车道）仅限小客车通行时，其车道宽度可采用3.5m。内侧车道采用3.5m的车道宽度，与公路运营的交通组织管理方式相关联，只有在采用分车道管理通行时，方可采用这一宽度。

2 对于以通行中、小型客车辆为主的公路，经论证车道宽度可采用3.5m。通常这一类公路主要指旅游公路、机场专线公路等。

3 对于设置慢车道的公路，慢车道宽度应采用3.5m。慢车道宽度内已包括右侧路缘带的宽度。

4 四级公路在采用单车道的路段，应采用较宽的车道宽度3.5m。

5 对于需要设置非机动车道和人行道的公路，非机动车道和人行道等的宽度，视实际情况确定，具体可参考城市道路设计相关标准规范。

6.2.2 高速公路、一级公路各路段的车道数应根据预测的交通量、设计速度、服务水平等确定。高速公路、一级公路的车道数最少为四个，当需要增加时，基本路段的车道数应按双数两侧对称增加。

二级公路为供汽车行驶的双车道公路，三级公路为供汽车行驶的双车道公路。四级公路为供汽车行驶的双车道或单车道公路，一般情况下应采用双车道，交通量小且工程特别艰巨的路段可采用单车道。

6.2.3 与中、小型客车比较，货车的动力性能相对较低，其上坡路段的运行速度对公路纵坡变化非常敏感。西部交通运输科技项目《公路运行速度设计成套技术研究》等课题研究表明，大型货车在2%以上的纵坡上就会出现明显的速度折减，而中、小型客车在3%及以上的纵坡上才会出现明显的速度折减。因此，在大型货车的混入率大时，会明显影响上坡路段公路的通行能力，应设置爬坡车道。设爬坡车道后，将易受坡度影响的低速车分流于爬坡车道上行驶，这样有利于提高上坡路段的通行效率，又避免慢速车辆长时间占道行驶，避免了强行超车等问题，有利于行车安全。

根据《公路工程建设关键技术指标与参数研究》（一、二期）课题的调查研究结论，近十年来，我国高速公路货运车型组成发生显著的变化，货运的主导性车型从之前的两轴载重汽车逐步演变为五、六轴半挂式铰接列车。该类车型在高速公路货车车型中总占比达到40%以上，高速公路货运周转总量的80%由该类车型承担。由于高速公路货运车型组成的变化，而该类车型整体动力性能低下，质量功率比普遍在5.1kW/t左右，导致其整体爬坡性能大幅下降。具体表现在：相同驶入速度和纵坡条件下，车辆保持不低于容许最低速度的爬坡长度明显减短；相同纵坡条件下，车辆全负荷行驶时能保持的稳定行驶速度（或称为平衡速度）明显降低了。基于上述客观的现状条件，对于四车道的高速公路和一级公路的连续长陡纵坡路段（上坡方向），论证设置爬坡车道的必要性较之前明显增强了。设置爬坡车道应该是减小上述货车性能过低造成车辆上坡通行速度降低、爬坡能力降低等问题，提升路段通行能力的有效工程措施。

《标准》（2014）中第4.0.8条规定："高速公路、一级公路以及二级公路的连续上坡路段，当通行能力、运行安全受到影响时，应设置爬坡车道"。在实际项目设计中，应结合公路项目实际交通量、车型组成、货运主导性车型比例及其动力性能条件等因素，综合分析连续上坡路段的通行能力和服务水平影响，以论证确定是否设置爬坡车道，以及设置的位置等。

关于二级公路设置爬坡车道问题，调查中发现，山岭区的二级公路、三级公路双车道宽度为7.00m时，上坡路段载重车（特别是单挂车）减速与压车情况较为严重。同时也注意到广州—增城二级公路有一纵坡大于4%的路段，设置爬坡车道后，行车与安全情况大为改善的典型案例。资料显示，国外双车道公路亦有当纵坡大于5%时设置爬坡车道的规定。他们认为国家干线公路上，在设计上造成载重汽车，特别是单挂车显著减速是不适当的；为了保证通行能力和交通安全，设置爬坡车道是恰当的。

1 六车道及六车道以上的高速公路，一般情况下可不设置爬坡车道，主要考虑其外侧车道可以行驶因上坡减速后的载重车，而内侧车道仍可供小客车正常行驶。

2 本次修订明确，高速公路和一级公路设置爬坡车道的路段，爬坡车道的外侧应设置右侧硬路肩，以提供安全行车所需要的侧向余宽。但考虑到爬坡车道路段一般地形条件复杂和爬坡车道车辆运行速度较低等因素，规定：条件受限时，右侧硬路肩的宽度应不小于0.75m。此时，右侧硬路肩将不具备故障车辆临时停靠的功能。

6.2.4 加速车道是为保证驶入干道的车辆，在进入干道车流之前，能安全加速以保证汇流所需的距离而设的变速车道。减速车道是为保证车辆驶出干道时能安全减速而设的变速车道。

互通式立体交叉的加、减速车道与服务区、停车区、客运汽车停靠站、管理与养护设施等处的加、减速车道由于各自的使用特点不同，对其要求也不尽相同。国外规定高速公路的公共汽车停靠站的加、减速车道的宽度为3.50m，但不得已时，可减少到3.00m；平面交叉的加、减速车道宽度为3.00m。由于加、减速车道在不同的地点使用，其特点和要求各不相同。本规范对此只作了通用性的规定，即宽度为3.50m。使用中可根据具体情况，按不同的要求进行设计。

根据《标准》（2014）中第4.0.7条规定，本次修订要求在二级公路主线两侧的各类出入口处应设置过渡段，以提高这些路段和位置的交通安全性。

6.2.5 错车道是四级公路采用单车道路基时，为错车而设置的。

6.2.6 避险车道应结合交通安全性评价论证设置。避险车道可修建在直线路段上，或失控车辆不能安全转弯的主线弯道之前，应避开人口稠密区，以保证其他车辆以及坡道下方居民的安全。

《标准》（2014）中第4.0.9条的条文说明明确了避险车道设置的目的和作用，即供制动失效车辆尽快驶离行车道、减速停车、自救的专用车道。换而言之，避险车道设置目的主要在于让失控车辆尽快驶离行车道，以减小其对公路上正常通行车辆、人员和设施的危害性；当然，设置避险车道，也有利于失控车辆减速停车，减小自身失控危害或减轻事故的严重程度。

避险车道是一种容错性的工程措施，应客观认识设置避险车道的作用。尽管设置避险车道能够在一定程度上减轻、减小因车辆失控之后的各类事故的严重程度和损失，但从本质上并不能减小因车辆制动失效、车辆失控而引起的事故的发生概率。因此，根据相关专题研究结论和本次《规范》修订中对国内多个连续长陡下坡路段的运营安全性调研，对于连续长、陡下坡路段应通过交通安全性评价，在完善路段交通工程和路侧安全设施的同时，应重点通过实施有效的交通组织管理、路段速度控制与管理等措施来解决同类路段的通行安全性问题，而不应将设置避险车道作为一种解决连续长陡下坡路段安全问题的弥补性的工程措施。

6.3 中间带

6.3.1 公路的中间带和中央分隔带在构造上起到分隔对向交通的作用，对提高行车安全性和发挥公路项目功能具有关键性作用。高速公路、一级公路整体式断面必须设置中间带。中间带由中央分隔带和两条左侧路缘带组成，中央分隔带的两侧设置左侧路缘带。中央分隔带由防护设施和两侧对应的余宽 C 组成。其中，左侧路缘带和余宽 C 提供了安全行车所必需的侧向安全余宽，并能引导驾驶员的视线。上述各部分的空间关系如图6-1所示。

侧向安全余宽是公路通行车辆在保持一定速度行车时，行车道两侧需要预留的一定的安全距离，即车道边线到路侧障碍物（如：护栏设施、路侧边坡等）的安全距离。

根据相关实验研究,高速公路上车辆按照一定速度行驶时,车道左、右侧需要的侧向安全余宽的最小值如表6-1所列。当左、右侧侧向安全余宽小于上述宽度值时,驾驶员受到心理和车辆高速循迹能力(偏移量)等因素影响,会自然选择降低实际运行速度,进而影响车道的实际通行能力。对于相邻车道之间,由于车道宽度大于实际车辆宽度,车道内无固定的障碍物,且车辆与相邻车道上车辆的并行时间较短,则不需要提供额外的侧向余宽。因此,侧向安全余宽主要是对同一断面、同向车道中的左侧车道和右侧车道而言的。在公路横断面布置中,左侧侧向安全余宽通常由左侧硬路肩(分离式路基断面时)或左侧路缘带(整体式断面时)加余宽 C 来提供,而右侧侧向安全余宽则一般由右硬路肩(含右侧路缘带宽度)来提供。

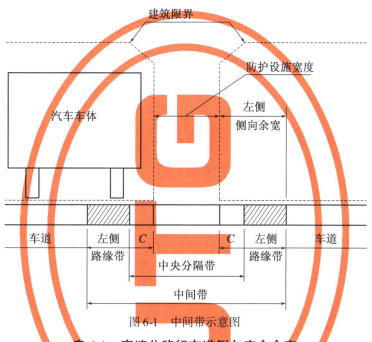

图6-1 中间带示意图

表6-1 高速公路行车道侧向安全余宽

运行速度	车道侧向安全余宽	
(km/h)	左侧(m)	右侧(m)
120	1.25	1.75
100	1.00	1.50
80	0.75	0.75

由于早前公路标准、规范中未对 C 值宽度与使用条件等做具体的规定,在本期修订调查中发现,全国各地对中间带布置中左侧路缘带和余宽 C 采用等做法不一。有的项目左侧路缘带采用《规范》给定的宽度数值时,根据护栏形式等条件保留了 C 值宽度,而有的项目则没有考虑预留 C 值宽度。本次修订明确,当左侧路缘带宽度采用值大于或等于左侧侧向安全余宽(见表6-1)时,则无须保留 C 值的宽度;而当左侧路缘带宽度采用本规范给定的一般值和最小值(见表6.3.1)时,则应保留 C 值宽度。余宽 C 值在设计速度大于100km/h时为0.50m,在设计速度小于或等于100km/h时为0.25m。

中央分隔带采用不同护栏形式时,余宽 C 值的取用方式可参考图6-2～图6-4。

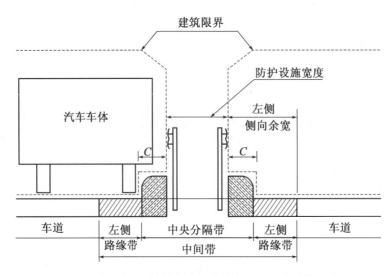

图 6-2 采用波形梁护栏时中间带示意图（设有路缘石时）

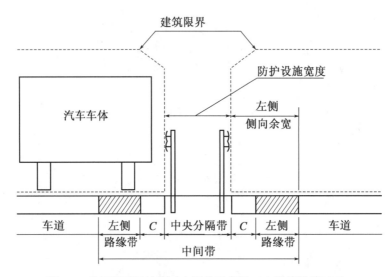

图 6-3 采用波形梁护栏时中间带示意图（未设置路缘石时）

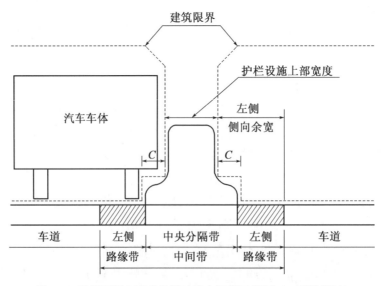

图 6-4 采用混凝土墙式护栏时的中间带示意图（F 型护栏时）

本条系按《标准》(2014) 中第 4.0.4 条对中间带设置进行了规定。取消了原《规范》对中央分隔带宽度的具体规定值，修订理由同《标准》对应的条文说明。

1　高速公路和作为干线的一级公路，中央分隔带宽度应根据其对向分隔、设置安全护栏等功能需要确定。

中央分隔带宽度的确定除满足功能的需要外，还要尽量避免路基与桥梁因中央分隔带宽度不同而引起的公路线形和车辆行驶轨迹的频繁变化。对于桥梁较少的公路项目，可采用路基与桥梁不同的中央分隔带宽度，在宽度变化前、后应设置必要的过渡段，以保持车辆行驶轨迹的连续性。对于桥梁设置密度较大的公路，路基与桥梁的中央分隔带宽度应取同一值。

2　作为集散的一级公路，《标准》(2014) 中规定其中央分隔带宽度应根据中间隔离设施的宽度确定。这里的中间隔离设施的功能主要是隔离对向交通，可不要求其防撞击等防护功能。对应图 6-1 中"防护设施宽度"，在承担集散功能的一级公路中，即为中间各类设施的宽度。但这时车道外侧（左侧）侧向余宽仍是需要保证的。

3　左侧路缘带宽度在正常情况下应采用一般值。设计速度为 120km/h、100km/h 时对应的左侧路缘带宽度一般值为 0.75m；当受条件制约（如复杂的地形条件、重要的地物等）或多车道公路内侧仅限小型车辆通行的路段，可论证采用最小值 0.50m。

6.3.2　分离式路基间的间距是指多车道公路采用上、下行分离的断面形式且上下行均为路基断面时，两者之间的间距和位置。当公路断面从整体式路基过渡为分离式后，行车道左侧应设置左路肩（包括硬路肩及土路肩）。

分离式路基间应保持一定的间距，以满足设置必要的排水和安全防护设施等的需要。高速公路、一级公路采用分离式路基时，两相邻路基边缘之间的距离在边远人烟稀少、土地荒漠地区宜采用大于 4.5m 的宽中间带，宽中间带一般为 6~15m。该宽中间带可随地形变化而改变宽度，不必等宽度。地面较为平坦的宽中间带范围内宜种植草皮，两侧车道亦不必等高，应与地形、景观相配合。中间带内采用 4:1~6:1 向中央倾斜的斜坡以利排水。

6.3.3　中央分隔带开口的设置是为了使车辆在必要时可通过开口到反方向车道行驶，以供维修、养护、应急抢险时使用。中央分隔带开口间距应视需要而定，本规范只规定最小间距应不小于 2km。

中央分隔带开口处应设置活动护栏，严禁车辆在此转弯（掉头）。活动护栏的防撞性能与等级应与一般路基段相同。

6.3.4　分离式路基为供维修、养护或应急抢险之需，应每隔一定距离选择适当位置设置横向连接道。横向连接道一般设置在隧道（隧道外）出入口、大型桥梁两端等且地形相对平坦的位置。

6.4 路肩

6.4.1 根据《标准》(2014) 规定：高速公路和承担干线一级公路的右侧硬路肩的"一般值"均为 3.00m，"最小值"为 1.50m。承担集散功能的一级公路和二级公路右侧硬路肩"一般值"为 1.50m 和 0.75m，"最小值"为 0.75m 和 0.25m。

正常情况下，右侧硬路肩宽度应采用本条规定的"一般值"；在设置爬坡车道、变速车道、超车道的路段，受地形、地物限制路段，多车道的特大桥路段，可论证采用最小值。对高速公路和一级公路当采用小于 2.5m 的右侧硬路肩宽度之后，则无法满足右侧硬路肩供故障车辆临时紧急停靠的功能需要，因此必须配套设置间隔性紧急停车带，具体参见本规范第 6.4.3 条的规定。

高速公路和承担干线的一级公路，当通行的车辆主要为小客车时（如旅游公路、机场专线等），其右侧硬路肩宽度可采用括号内的数值 2.50m。

1 鲜明的行车道外侧边缘线所起到的诱导作用，已被公认，并能提供一部分必要的侧向余宽，当汽车越出行车道时，能增进安全。因此，本规范还规定高速公路和一级公路，应在右侧硬路肩宽度内设右侧路缘带，其宽度为 0.50m。

2 二级公路非汽车交通量大的路段，土路肩可予以加固，既可充分地利用硬路肩和加固的土路肩通行非机动车辆，还可保证汽车行驶的通畅。

3 二级公路、三级公路、四级公路在路肩上设置路上设施时，不得侵入公路建筑限界，必要时应加宽路基，增加设施所需的宽度，如设置护栏、挡土墙及其他直立构件等所需的宽度。

6.4.2 左侧路肩是公路横断面的组成之一，其宽度与公路等级密切相关。

1 高速公路、一级公路为分离式路基时，应设置左侧路肩，以保证车辆在行驶过程中所需的侧向余宽。左侧硬路肩，按设计速度规定 120km/h 时采用 1.25m，100km/h 采用 1.00m，小于或等于 80km/h 时采用 0.75m。

分离式路基的土路肩，设计速度大于或等于 80km/h 时，土路肩宽度采用 0.75m；设计速度小于 80km/h 时，土路肩宽度采用 0.50m。

路缘带是路肩的一部分并与行车道紧接，其作用为诱导视线、支撑路面并作为侧向余宽的一部分，以保证充分发挥行车道功能。路缘带应尽量保持一定宽度，避免反复变化。当为分离式路基时，应在左侧硬路肩内紧靠行车道设置左侧路缘带，其宽度为 0.50m。

2、3 对于双向四车道、六车道（同向单幅两车道和三车道）的高速公路，当通行的车辆随机性出现故障时，车辆需要经过一次到两次的换道操作、减速到路基右侧的硬路肩上停靠（这也是右侧硬路肩设置的功能之一）。但当同向单幅车道数达到四车道及以上时，由于车道数增加，行驶在内侧车道上的车辆需要经过三次甚至以上的换道操作，才能到最右侧硬路肩上停靠。多次换道不仅使得故障车道停靠的过程变得困难，而且多次换道需要较长的行驶距离，也会对其他车道上正常行驶的车辆带来不利的影响。根据国外多车道高速公路建设与运营经验，本次修订推荐：高速公路在同向单幅车道数达四车道及以上时，无论是整体式路基断面还是分离式路基断面，均宜设置宽度应不小于2.5m的左侧硬路肩，为内侧车道故障车辆提供临时停靠的空间（参见图6-5和图6-6）。

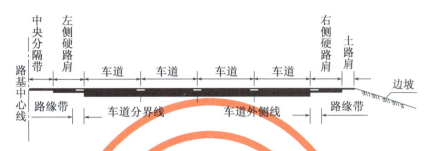

图6-5　高速公路左侧硬路肩设置示意图（整体式断面，右幅）

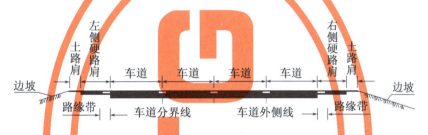

图6-6　高速公路左侧硬路肩设置示意图（分离式断面，右幅）

6.4.3　紧急停车带是为故障车辆提供停车的主要设施之一，在关键时刻具有重要的作用。

1　高速公路和承担干线的一级公路，当右侧硬路肩的宽度小于2.50m时，为使发生故障的车辆因避让其他车辆能尽快离开车道，应设置紧急停车带。二级公路，认为有需要的路段，也可设置紧急停车带。

紧急停车带的间距一般情况下不宜大于500m。紧急停车带的间距设置，必须考虑故障车辆可能行驶的距离和人力可能推动的距离。结合国内经验，出现故障较多的一类是轮胎出问题，另一类故障是发动机的问题，车辆滑行距离与行车速度的2次方成正比，车速越高滑行距离越长，一般考虑200～300m的滑行距离。故障车辆用人力推动时，小客车在水平路段上，1人可以连续推动200m，尽力推动能达到500m左右。大型车辆至少需要3～4人方可推动，其可能推行的距离也没有小型车长。

紧急停车带前后应设置供车辆减速驶入和加速驶出的过渡段。考虑到设置紧急停车带的项目和路段的建设条件一般较为复杂，且车辆在故障停车前一般会有适当的减速过程，综合考虑工程经济性和安全需要，本规范推荐按照60km/h设计速度对应的加（减）速车道流出和流入时所需要的渐变段长度来确定紧急停车带前后的过渡段长度。

紧急停车带的宽度各地在实际运用中不是很统一，有的地方采用5m甚至更宽的值,这无疑对行车安全、停车的便利性等方面是有利的。考虑到经济性并兼顾各地的不同做法,本次修订较上版有所放宽,由"紧急停车带宽度应为3.50m"修改为"紧急停车带宽度应不小于3.50m"。

2 关于特大桥和特长隧道内的紧急停车带设置,本款规定主要针对高速公路和一级公路而言,其他情况应满足《标准》(2014)中第8章的相关规定。

6.5 路拱坡度

6.5.1 无中间带公路的路拱一般多采用双向坡面,由中央向两侧倾斜。有中间带公路的路拱一般采用自中央分隔带两侧边缘向路基两侧边缘倾斜的路拱。

6.5.2 分离式路基,每一侧车道可设置双向路拱,以利及时排除路面水,当路面宽度不宽时亦可采用向路基外侧倾斜的单向路拱。具有分隔带的路基上,通常采用向路基外侧倾斜的单向坡度,这种单向坡度的车道对驾驶者来说更为舒适,因为车辆在变换车道时均倾向于同一方向行驶。在积雪和有冻融地区,分隔带两侧的车道也可各自设置路拱,采用双向排水。

6.5.3 六车道及以上公路超高过渡段中出现宽而平缓的路面时,可根据实际情况在一定路段内设置两个路拱,如图6-7所示。

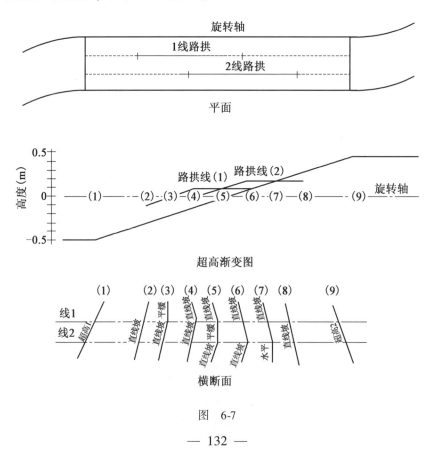

图 6-7

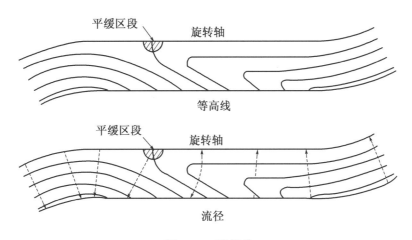

图6-7 双路拱线

本期规范修订调研发现，在我国南方多雨地区的部分多车道高速公路上，局部路段和位置出现有路面积水的现象，对行车安全有明显的影响。因此，对于路拱合成坡度过于平缓的路段，建议通过路面排水分析，发现并消除可能的路面积水问题。路面排水分析一般通过局部绘制路面等高线图和绘制路面排水方向图等方式，也可通过相应的CAD软件分析实现。根据《海南省暴雨气象条件下公路交通安全防治技术与示范工程》专题研究结论，对我国南方暴雨较为集中的地区，当路基超高过渡变化较缓时（尤其是从-2%向+2%过渡，且渐变率小于1/200时），易出现路面积水的现象。对于此类问题，可通过局部调整路面超高过渡位置、超高渐变率、增设双路拱线等措施来予以改善。

6.5.4 二级、三级、四级公路应采用双向路拱坡度。路拱坡度可根据路面类型和当地自然条件确定。在一般情况下，干旱地区可采用低值，多雨地区宜采用高值；位于严重强度降雨地区，路拱坡度还可适当增大或采用更有利于排水的路拱形式。

6.5.5

2 本次修订对硬路肩横坡的方向及其横坡值作了修改，即：当曲线超高小于或等于5%时，采用与邻近路面相同的横坡值，以利于施工；当曲线超高大于5%时，硬路肩横坡值应不大于5%，这是考虑载重车在横坡值较大的硬路肩上停靠易失稳。在这种情况下，路肩的超高渐变与路面相同，旋转宽度加大到路肩全宽；对公路纵坡平缓且采用集中排水而设拦水带时，硬路肩的横坡值宜采用3%~4%；并要求平坡区段或直线向曲线过渡段的硬路肩横坡值，其过渡的渐变率应控制在大于1/330且小于1/150之间，即渐变段的坡度在0.3%~0.7%之间，以满足排水的要求。

4 土路肩在直线或位于曲线较低一侧的横坡度，行车道或硬路肩横坡值大于或等于3%时，应与行车道或硬路肩相同；行车道或硬路肩横坡值小于3%时，应比行车道或硬路肩横坡值大1%或2%。而在曲线或位于过渡段较高一侧的土路肩横坡，应采用3%或4%的反向横坡值。

6.6 公路建筑限界

根据《标准》(2014)中第3.6节的"建筑限界"的规定修订。

6.7 公路用地范围

根据《标准》(2014)中第1.0.5条的规定修订。

7 公路平面

7.1 一般规定

7.1.1 《标准》(2014)中第4.0.19条规定"直线与小于表4.0.17不设超高最小半径的圆曲线相衔接处，应设置缓和曲线。缓和曲线采用回旋线，应符合下列规定……"。公路平面线形中缓和曲线采用回旋线，主要是因为车辆在弯道时的行驶轨迹接近于回旋线。由此，也可以说公路平面线形主要由直线、圆曲线和回旋线三种要素组成。四级公路由于设计速度低，可不设置回旋线。

回旋线按式（7-1）计算：

$$r \times l = A^2 \tag{7-1}$$

式中：r——回旋线上任意给定点的曲线半径（m）；
　　　l——回旋线上任意给定点到原点的曲线长（m）；
　　　A——回旋线参数（m）。

由于在实际公路平面线形敷设、计算（如具体路线桩位点的坐标计算和里程推算）中，回旋线须采用级数展开式进行计算，如式（7-2）所示。级数项数会对计算的精度产生直接影响。在回旋线参数 A 值确定的情况下，回旋线越长，满足一定精度条件需要采用的项数就越多。因此，对设置有回旋线的路线平面计算，无论是采用手工计算还是应用 CAD 软件，应根据精度要求采用必要的级数项数进行计算。

部分书籍中关于回旋线的计算公式和方法，一般是把回旋线简化为三次或高次抛物线进行近似计算的，以便于掌握学习路线平面设计计算的原理和方法。但这样的近似计算方法，往往是不能满足现代设计技术和 CAD 软件设计制图的精度要求的。例如：当在 CAD 设计环境中，要求路线中桩、边桩等坐标计算、绘图的误差小于 1mm 甚至更高时，原则上对回旋线和公路平面线形的敷设计算精度如式（7-2）所示，并应满足现行《公路勘测规范》（JTG C10）对相关精度的具体要求。

$$\begin{aligned} x &= L_s - \frac{L_s^3}{40R^2} + \frac{L_s^5}{3\,456R^4} - \cdots \\ y &= \frac{L_s}{6R} + \frac{L_s^4}{336R^3} + \frac{L_s^6}{42\,240R^5} + \cdots \end{aligned} \tag{7-2}$$

式中：x——回旋线上任意点的横坐标；

y——回旋线上任意点的纵坐标；
L_s——回旋线长度（m）；
R——回旋线上任意点的曲率半径（m）。

本规范只对有关线形要素的种类、性质和指标的"一般值"或"最小值"作出了规定，至于这些技术指标如何运用以及它们之间应当如何组合，则一并在第9章"线形设计"中论述。

7.1.2 平面线形各要素的选择应根据公路等级、设计速度，充分考虑沿线自然环境和社会环境，做到该直则直，该曲则曲，设计的平、纵面线形舒顺流畅，采用的平、纵指标高低均衡，并与地形、景观、环境等相协调。

7.2 直线

7.2.1 直线是平面线形基本要素之一，具有能以最短的距离连接两控制点和线形易于选定的特点。但由于直线线形缺乏变化，不易与地形相适应等原因，位于山岭重丘区的公路，往往造成工程量增大、破坏自然环境等弊端；在高速公路、一级公路行车速度高的情况下，更易使驾驶者感到单调、疲乏、难以准确目测车间间距，增加夜间行车车灯眩目的危险，还会导致出现超速行驶状态。因而在设计直线线形和确定直线长度时，必须慎重选用。

有些国家在长直线的运用上有条件地加以限制。像意大利和日本这样的多山国家，高速公路平面线形以曲线为主，如日本、德国规定直线最大长度不宜超过设计速度的20倍，即72s行程；西班牙规定不宜超过80%的设计速度的90s行程；法国认为长直线宜采用半径5 000m以上的圆曲线代替；美国规定线形应尽可能直捷，但应与地形一致；俄罗斯对直线的运用未作规定，且部分类似于高速公路的快速干道则不封闭，但都采用宽中央分隔带改善路容，设置低路堤、缓边坡以增加高速行车的安全度。

调研中，各省对长直线的运用存在不同看法，也确有直线长度远远超过20倍设计速度的事例，但直线本身并无优劣之说，关键在于如何结合地形恰当地运用。规范对直线的最大长度未作明确限定，仅规定"直线的长度不宜过长"，给设计人员留下空间去作分析、判断，以使设计更加符合实际。

当具体项目中因条件限制采用长直线时，应结合运行速度分析和安全性评价，增设必要的提醒和警示标志，避免出现驾驶疲劳等现象。

7.2.2 圆曲线间的直线长度不宜过短，是基于保证线形连续性而考虑的。规范在程度用语上仍维持"宜"，表示允许有选择，在有条件时首先应这样做。这对指导设计速度高，特别是车道数多的公路的线形设计是有利的。对设计速度小于或等于40km/h的公路，只规定"可参照执行"，从程度用语上讲相当于又降了一档。

对圆曲线间直线长度的判断评价，与公路项目所采用技术标准、设计速度、相邻路段的几何指标取值等均密切相关。根据相关技术发展，在路线设计中设计者可在建立公路及沿线环境的三维模型之后，通过仿真和模拟驾驶等技术方法，对公路视距等控制性指标进行检验评价，同时也可实现对线形的连续性进行更为直观地分析评价，进而发现线形及组合设计中的问题。另外，运行速度协调性评价指标和方法也是评价线形连续性的直接、有效的方法。因为相邻路段之间的运行速度变化，正是驾驶员对路线几何线形判识和处理之后的综合反映，是对线形连续性和协调性的具体表征。

7.3 圆曲线

7.3.2 圆曲线最小半径是以汽车在曲线上能安全而又顺适地行驶为条件确定的。圆曲线最小半径的实质是汽车行驶在曲线部分时，所产生的离心力等横向力不超过轮胎与路面的摩阻力所允许的界限。本规范给出的"极限值"与"一般值"的区别，在于曲线行车舒适性的差异。在设计车速 v 确定的情况下，圆曲线最小半径 R_{min} 取决于横向力系数 f 和超高 i 的选值。从人的承受能力与舒适感考虑，当 $f<0.10$ 时，转弯不感到有曲线的存在，很平稳；当 $f=0.15$ 时，转弯感到有曲线的存在，但尚平稳；当 $f=0.20$ 时，已感到有曲线的存在，并感到不平稳；当 $f=0.35$ 时，感到有曲线的存在，并感到不稳定；当 $f>0.40$ 时，转弯非常不稳定，有倾覆的危险。根据最大横向力系数 f_{max} 和最大超高 i_{max} 值，即可计算得出极限最小半径值。《标准》（2014）规定的圆曲线最小半径属"极限值"，系在采用对应最大超高时经计算调整后的取值。

圆曲线最小半径的"一般值"是使按设计速度行驶的车辆能保证其安全性与舒适性，而建议的采用值。参考国内外使用的经验，确定圆曲线最小半径的"一般值"采用的横向力系数值为 0.05~0.06。经计算并取整数，即可得出一般最小半径值。

公路项目采用的最大超高值不同，在同一设计速度条件下，圆曲线最小半径（极限值）是不相同的。本次修订依据《标准》（2014）的相关要求，在原圆曲线最小半径一般值和极限值的基础上，增加（实际上只是恢复）了不同设计速度时与最大超高值相对应的圆曲线最小半径的极限值。

7.3.3 驾驶者在大半径圆曲线上行驶时，方向盘几乎与直线上一样无须调整。当圆曲线半径大于 9 000m 时，视线集中的 300~600m 范围内的视觉效果同直线没有区别，因此圆曲线半径不宜过大。

7.4 回旋线

7.4.1 《标准》（2014）中规定的不设超高圆曲线最小半径，其横向力系数 f 和超高 i 值是按 $f=0.035$，$i=-0.015$，经代入公式进行计算、整理后得出的结果。

考虑到我国路拱坡度有大于或等于 2% 的情况，本规范增列了路拱大于 2% 时不设超高的圆曲线最小半径。在实际使用中，若路拱横坡采用2%，有条件时不设超高的圆曲线半径宜选用高一些。

7.4.2 复曲线中的小圆临界曲线半径，按下述条件计算确定：
（1）回旋线长度最小按3s行程计。
（2）小圆曲线的回旋线内移值按行驶力学上要求的小于10cm计。

本规范规定复曲线间回旋线的省略，以设缓和曲线两圆位移差小于0.10m为条件。理由是从一个圆曲线过渡到另一个圆曲线，驾驶者在方向盘操作上，比从直线过渡到圆曲线困难；设计速度不小于80km/h时，大圆半径与小圆半径之比，仍规定小于1.5时可省略回旋线，较澳大利亚推荐的半径比1.3有所提高。理由是只要满足半径比小于1.5，即能保证内移差不超过0.10m，同时半径比加大有利于复曲线半径组合的选择。

7.4.3 回旋线最小长度基本满足以双车道中线为旋转轴设置超高过渡的长度；但对以行车道边缘线为旋转轴，或者行车道数较多或较宽的公路，则可能超高所需过渡段长度应更长一些，因此应视计算结果而采用其中较长的一个。

7.5 圆曲线超高

7.5.1 对小于不设超高圆曲线半径的曲线设置超高，目的是以形成向心力平衡高速行驶车辆的离心力。曲线超高与行车速度和路面横向摩阻力密切相关，横向摩阻力的存在对于行驶车辆的稳定、行车的舒适等均有不利影响。超高设计及超高率计算应考虑把横向摩阻力减至最低程度。因此，对应于确定的行车速度，最大超高值的确定主要取决于曲线半径、路面粗糙率以及当地气候条件。美国认为对无冰雪地区公路通常使用的最大超高率为10%，以不超过12%为限；在潮湿多雨以及季节性冰冻地区，过大的超高易引起车辆向内侧滑移，采用最大超高率为8%。澳大利亚认为在超高较大的路段上，当货车的运行车速小于设计速度时，将受到向心加速度的作用，若超高达10%时，上述作用足以使货物发生位移并导致翻车。

根据为修订《标准》（1997）而立项的《公路横向力系数》专题研究结论，并参考美国及澳大利亚的经验，本规范规定高速公路、一级公路最大超高值为8%和10%，正常情况下采用8%；对于以通行中、小型客车为主的高速公路和一级公路，最大超高可采用10%。二级、三级、四级公路限定最大超高为8%是适宜的。但对于积雪冰冻地区，考虑我国各级公路货车占比较高的特点，限定最大超高为6%比较安全。本次修订增加对于城镇区域的公路，考虑到非机动车、行人以及排水等因素，最大超高值可采用4%的规定，同《标准》（2014）一致。

7.5.2 二级、三级、四级公路接近城镇且混合交通量较大的路段，车辆行驶速度会有所降低，同时城镇路面排水也不允许设置大的超高，因此最大超高应适当降低。

7.5.3 具体公路项目设计中，应首先选定项目采用的最大超高值，然后根据设计速度、圆曲线半径，通过计算确定圆曲线超高值。当采用运行速度进行设计检验时，应根据运行速度和圆曲线半径计算确定其超高采用值。

表7-1是一般公路项目在分别采用最大超高值10%、8%、6%和积雪冰冻地区条件下，路拱横坡采用2%时，经计算获得的不同圆曲线超高值，供设计参考使用。

7.5.4 超高过渡段中的超高渐变率，其取值在0.4%～2.0%间变化。超高过渡段长度，在选定旋转轴和超高值后即可按式（7-3）计算。但设计中对有硬路肩的公路，应考虑硬路肩随行车道超高过渡的需要，按实际情况的 B 值计算，则超高过渡段长度 L_c 将相应增长。

7.5.6 回旋线过长，超高渐变率过小，将导致曲线段路面排水不畅，应按排水要求的最小坡率0.3%计，故规定超高渐变率不得小于0.3%，即1/330。

高速公路、一级公路，当采用中央分隔带外缘为旋转轴时，即便超高渐变率大于1/330，在纵坡较平缓的情况下，行车道排水也会因断面较宽而难以达到满意的效果。为避免这种不良现象，除采取减小超高过渡段长度、加大超高渐变率、在回旋线的某一区段内设置超高等措施外，还可以采用在行车道中间增设路拱线以减小流水行程，从而减轻路面积水的方法。国外多车道公路多采用增设1～2个路拱线以加速排水。故本规范规定："六车道及其以上车道数的公路宜增设路拱线"，以改善排水条件，如图7-1所示。

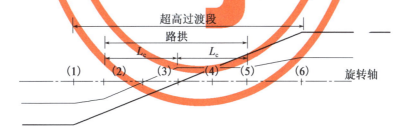

超高渐变图

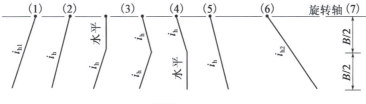

横断面

图7-1 增设路拱的超高方式

表 7-1 圆曲线半径与超高值

设计速度 (km/h)	120 一般情况			120 积雪冰冻	100 一般情况			100 积雪冰冻	80 一般情况			80 积雪冰冻	60 一般情况			60 积雪冰冻
超高 (%)	10%	8%	6%		10%	8%	6%		10%	8%	6%		10%	8%	6%	4%	
2	5 500~ (7 550)	5 500~ (7 550)	5 500~ (7 550)	5 500~ (7 550)	4 000~ (5 250)	4 000~ (5 250)	4 000~ (5 250)	4 000~ (5 250)	2 500~ (3 350)	2 500~ (3 350)	2 500~ (3 350)	2 500~ (3 350)	1 500~ (1 900)	1 500~ (1 900)	1 500~ (1 900)	1 500~ (1 900)	1 500~ (1 900)
3	2 950~ 2 080	2 860~ 1 990	2 730~ 1 840	2 780~ 1 910	2 180	2 150	2 000	2 090	1 460	1 410	1 360	1 390	900	870	800	610	860
4	2 080~ 1 590	1 990~ 1 500	1 840~ 1 340	1 910~ 1 410	2 180~ 1 520	2 150~ 1 480	2 000~ 1 320	2 090~ 1 410	1 460~ 1 020	1 410~ 960	1 360~ 890	1 390~ 940	900~ 620	870~ 590	800~ 500	610~ 270	860~ 570
5	1 590~ 1 280	1 500~ 1 190	1 340~ 970	1 410~ 1 070	1 520~ 1 160	1 480~ 1 100	1 320~ 920	1 410~ 1 040	1 020~ 770	960~ 710	890~ 600	940~ 680	620~ 470	590~ 430	500~ 320	270~ 150	570~ 410
6	1 280~ 1 070	1 190~ 980	970~ 710	1 070~ 810	1 160~ 920	1 100~ 860	920~ 630	1 040~ 770	770~ 610	710~ 550	600~ 400	680~ 490	470~ 360	430~ 320	320~ 200	—	410~ 290
7	1 070~ 910	980~ 790	—	—	920~ 760	860~ 690	630~ 440	770~ 565	610~ 500	550~ 420	400~ 270	490~ 360	360~ 290	320~ 240	200~ 135	—	290~ 205
8	910~ 790	790~ 650	—	—	760~ 640	690~ 530	—	—	500~ 410	420~ 320	—	—	290~ 240	240~ 170	—	—	—
9	790~ 680	—	—	—	640~ 540	530~ 400	—	—	410~ 340	320~ 250	—	—	240~ 190	170~ 125	—	—	—
10	680~ 570	—	—	—	540~ 450	—	—	—	340~ 280	—	—	—	190~ 150	—	—	—	—
					450~ 360				280~ 220				150~ 115				

注:括号值为路拱大于 2% 时的不设超高最小半径。

续表 7-1

设计速度 (km/h)	40 一般情况 8%	40 一般情况 6%	40 一般情况 4%	40 2%	40 积雪冰冻	30 一般情况 8%	30 一般情况 6%	30 一般情况 4%	30 2%	30 积雪冰冻	20 一般情况 8%	20 一般情况 6%	20 一般情况 4%	20 2%	20 积雪冰冻
超高 (%) 2	600(800)~470	600(800)~410	600(800)~330	600(800)~75	600(800)~430	350(450)~250	350(450)~230	350(450)~150	350(450)~40	350(450)~270	150(200)~140	150(200)~110	150(200)~70	150(200)~20	150(200)~120
3	470~310	410~250	330~130	—	430~280	250~170	230~140	150~60	—	270~180	140~90	110~70	70~30	—	120~80
4	310~220	250~150	130~70	—	280~190	170~120	140~80	60~35	—	180~120	90~70	70~40	30~15	—	80~60
5	220~160	150~90	—	—	190~130	120~90	80~50	—	—	120~90	70~50	40~30	—	—	60~40
6	160~120	90~60	—	—	130~90	90~60	50~35	—	—	90~55	50~40	30~15	—	—	40~25
7	120~80	—	—	—	—	60~40	—	—	—	—	40~30	—	—	—	—
8	80~55	—	—	—	—	40~30	—	—	—	—	30~15	—	—	—	—

注：括号值为路拱大于 2% 时的不设超高最小半径。

7.5.7 公路超高过渡宜采用线性过渡渐变的方式，过渡段长度与超高渐变率的关系如下式（7-3）：

$$L_c = \Delta_i \cdot B / P \tag{7-3}$$

式中：L_c——超高过渡段长度（m）；

Δ_i——超高横坡度与路拱坡度的代数差（%）；

B——超高旋转轴至行车道（设路缘带时为路缘带）外侧边缘的宽度（m）；

P——超高渐变率。

7.5.8 参阅本规范第6.5.3条的相关规定和说明，及本规范第7.5.6条的说明。

7.5.9 分向行驶的多车道公路位于纵坡较大的路段，其上、下坡的运行速度会有明显的差异，故可采用不同的超高值，以策安全。

7.6 圆曲线加宽

7.6.1 车辆在小半径的圆曲线转弯时，前后轮会划过不同的曲线轮迹，由于车体外廓是矩形刚体，导致部分车身横向移出车道；同时车辆一定转速的前轴操纵使车身也存在一定的摆幅，在圆曲线路段进行加宽，就是为了给车辆转弯提供合理的空间，表7-2是本期修订中根据五种公路设计车型的外廓尺寸，经计算分析后确定的对应的路面加宽值。为便于设计参考应用，《规范》表7.6.1是在此表基础上经简化之后加宽值参数。简化中主要去掉了针对大型客车和铰接客车的加宽值，因为两种车型与铰接列车的数值基本一致。

表7-2 双车道路面加宽值（m）

设计车辆	轴距加前悬（m）	圆曲线半径（m）							
		250~200	<200~150	<150~100	<100~70	<70~50	<50~30	<30~25	<25~20	<20~15
小客车	4.6	0.4	0.5	0.6	0.7	0.9	1.3	1.5	1.8	2.2
载重汽车	8.0	0.6	0.7	0.9	1.2	1.5	2.0	—	—	—
大型客车	9.85	0.7	0.9	1.3	1.8	2.4	3.8	—	—	—
铰接客车	7.5+6.7	0.8	1.0	1.4	1.8	2.5	—	—	—	—
铰接列车	5.38+9.05	0.8	1.0	1.5	2.0	2.7	—	—	—	—

（1）二级、三级、四级公路的加宽值与其设计车型和功能分类紧密相关，在使用本规范表7.6.1双车道路面加宽值时，应注意与设计车型的对应。

（2）承担干线和集散功能的二级、三级公路应考虑铰接列车的通行情况，如果不经常通行铰接半挂车，可仅考虑载重汽车的通行。承担支线功能的三级、四级公路应考虑通行载重汽车的情况。

（3）靠近城市有固定站牌供铰接式公交客车通行的公路，采用铰接客车的加宽值是必要的。

（4）经常有大型集装箱运输半挂车行驶的专用公路，应考虑铰接列车的加宽，港口、场站联络公路经常需要通行半挂车，按大型超长车进行加宽验算也是必要的。

7.6.3 分向行驶的公路通常按内、外两侧分别加宽。同向双车道，一般采用平均分配的方式加宽内、外两个车道。如果平曲线加宽值本身较小，设计中也有采取内、外侧平均加宽的办法；当加宽值较大时，一般需要通过计算确定加宽值。

7.6.5 加宽过渡段的渐变尽量保证变化自然、平滑，避免突变是安全行车的需要。加宽过渡的渐变方式可根据需要采用线性或高次抛物线方式。高速公路、一级公路及对路容有要求的其他公路通常采用四次抛物线渐变方式，渐变过程如式（7-4）所示；二级、三级、四级公路也有采用线性加宽渐变方式的，渐变过程如式（7-5）所示。

$$b_x = (4k^3 - 3k^4)b \tag{7-4}$$

$$b_x = k \cdot b$$
$$k = L_x / L \tag{7-5}$$

式中：L_x——任意桩号位置（任意点）距加宽过渡段起点的距离（m）；

　　　L——加宽过渡段的长度（m）；

　　　b——圆曲线上的全加宽值（m）；

　　　b_x——任意桩号位置（任意点）的加宽值（m）。

7.7 四级公路的超高、加宽过渡段

7.7.1 四级公路不设回旋线，但应按规定设置超高、加宽过渡段。只设超高不加宽时，按本规范第 7.5 节有关条款执行；只设加宽不超高时，按本规范第 7.6 节有关条款执行。

7.8 平曲线长度

7.8.1 公路平曲线长度除应满足设置回旋线或超高、加宽过渡的需要外，还应保留一段圆曲线，以保证汽车行驶状态的平稳过渡。各级公路平曲线最小长度是按回旋线最小长度的 2 倍控制，实际上是一种极限状态，此时曲线为凸形回旋线，驾驶者会感到操作突变且视觉亦不舒顺。因此最小平曲线长度理论上至少应该不小于 3 倍回旋线最小长度，即保证设置最小长度的回旋线后，仍保留一段相同长度的圆曲线。

各级公路设计平曲线长度不宜过短，从线形设计要求方面考虑，曲线长度按最小值的 5~8 倍即 1 000~1 500m 较适宜，《规范》列出平曲线最小长度的"一般值"基本上取"最小值"长度的 3 倍。

7.8.2 平面设计中采用小转角、大半径圆曲线一般均属条件限制不得已而为之。小转角设置大半径圆曲线系曲线长度规定所致，否则路容将出现扭折，还会引起曲率看上去比实际大得多的错觉。鉴于小转角不利的一面，对其使用还存在不同的看法，并把 7°～10°转角亦归于小转角之列，要求少用。

以 7°作为引起驾驶者错觉的临界角度也只是一种经验值，因为通过选择合适的圆曲线半径，或设置足够长度的曲线可以改善视觉效果，这才提出小转角的最小曲线长度的限制问题。

7.9 视距

7.9.1 停车视距由两部分组成：①驾驶者在反应时间内行驶的距离；②开始制动到刹车停止所行驶的距离，即制动距离。另外，应增加安全距离 5～10m。通常按式（7-6）计算：

$$S_{停} = \frac{v}{3.6}t + \frac{(v/3.6)^2}{2gf_1} \tag{7-6}$$

式中：f_1——纵向摩阻系数，依车速及路面状况而定；

t——驾驶者反应时间，取 2.5s（判断时间 1.5s、运行时间 1.0s）。

依上式计算，路面处于潮湿状态的小客车停车视距如表 7-3 所示。

表 7-3　潮湿状态下的停车视距

设计速度（km/h）	行驶速度（km/h）	f_1	计算值（m）	规定值
120	102	0.29	212.0	210
100	85	0.30	153.70	160
80	68	0.31	105.90	110
60	54	0.33	73.2	75
40	36	0.38	38.3	40
30	30	0.44	28.9	30
20	20	0.44	17.3	20

制动停车距离随纵坡不同而变化，表列计算值采用纵坡为零时的平坦路面求得，理论上下坡路段是危险的，上坡则比较有保障。但因采用值尚较富裕，当属安全。

高速公路、一级公路由于设有中央分隔带无对向车流影响，同向车辆只需考虑制动停车视距。

7.9.2 双向行驶的二级、三级、四级公路按相向的两辆汽车会车同时制动停车的视距考虑，所以会车视距一般应不小于对应设计速度下的停车视距的 2 倍。当受地形限制，无法保证会车视距时，允许采用停车视距，但该路段应采取画线等措施实施分道行驶。

7.9.3 双车道公路根据需要应结合地形，设置具有超车视距的路段。由于满足超车视距的路段较长，三级公路、四级公路很难达到要求，故采取划分允许超车路段和禁止超车路段的方式。

承担干线功能的二级公路交通量较大时，宜提供一定数量的满足超车视距的路段；位于中、小交通量的路段则可适当减少；位于地形比较复杂的山区，可设禁止超车标志。一般情况下，至少在3min的行驶时间里，应提供一次满足超车视距的路段，超车路段的总长度以不小于路线总长度的10%～30%为宜。

双车道公路满足超车视距要求允许超车的路段或不满足超车视距要求不允许超车的路段，均应明确通过标线和标志予以标识。

7.9.4 货车存在空载时制动性能差、轴间荷载难以保证均匀分布、一条轴侧滑会引发其他车轴失稳、半挂车铰接制动不灵等现象。尽管货车驾驶者因眼睛位置高，比小客车驾驶者看得更远，但仍需要比小客车更长的停车视距。

规范规定货车停车视距的眼高为2.00m，物高为0.10m，并规定对下列相关路段进行视距检验：

（1）减速车道及出口端部；
（2）主线下坡路段且纵面竖曲线半径小于一般值的路段；
（3）主线分、汇流处，车道数减少，且该处纵面竖曲线半径小于一般值的路段；
（4）要求保证视距的圆曲线内侧，当圆曲线半径小于2倍"一般值"或路堑边坡陡于1:1.5的路段；
（5）公路与公路、公路与铁路平面交叉附近。

7.9.5 在公路各类出入口区域，由于驾驶员需要及时判识出（入）口的位置、适时选择换道、进行加（减）速驶入（驶出）等操作，存在交通流交织和冲突等现象。因此，各级公路的互通式立体交叉、避险车道、爬坡车道、停车区、服务区、客运汽车停靠站、加油站等各类出（入）口区域应满足识别视距要求。

对于受地形、地质等条件限制路段，确实无法满足上述识别视距指标要求时，也可可采用1.25倍的停车视距。但应进行必要的限速控制和管理措施，以策安全。

7.9.6 公路是三维立体的空间实体工程。公路视距除受到平、纵、横等几何指标、参数和平纵组合等影响外，还可能受到路侧填挖方边坡、护栏、路侧构筑物等的遮挡影响。通过对我国部分山区高速公路进行视距检验评价实践发现：在平、纵等主要几何指标满足对应标准、规范指标要求的情况下，仍可能存在视距不良（不足）的情况。因此，本规范规定对于各类可能存在视距不良的路段和位置，均应进行对应的视距检验。对于视距不良路段或区域，应采取相应的技术措施予以改善。

由于视距不良与路段具体视距要求有关，所以视距检验和改善的措施也不尽相同。例如：对于因路侧边坡、护栏、防眩设施、构筑物等遮挡影响，引起路段停车视距不足时，一般采用开挖视距台、移动护栏设置位置、移除路侧遮挡物等措施予以改善。也可采用局部加宽路面、移画标线等方法；对于公路主线各类出入口（包括互通式立体交叉、服务区、停车区、客运汽车停靠站、加油站等）存在识别视距不足时，一般采用调整路线纵坡、竖曲线半径、优化出入口位置、局部加宽路肩等方法；对于双车道公路允许超车的路段，在不能满足超车视距要求时，则应改变允许超车的位置，并对应调整标志、标线布置等。

公路视距检验时，应对平曲线内侧车道、竖曲线起终点等视距最不利的车道或位置进行逐桩位的检查，并应采用对应视距的视点位置、视点高度和目标（或障碍物）的物高。视点位置应取车道宽度的1/2处（即车道中心线）；小客车视点高度取高出路面1.2m，货车取2.0m；目标（或障碍物）的位置应取平曲线内侧车道（未加宽前）的车道中心线；停车视距的物高取高出路面0.1m，识别视距的物高取0（路面标线的高度），超车视距的物高取对向车辆（小客车）的前灯高度0.6m。

7.10 回头曲线

7.10.1 回头曲线是越岭展线方法之一。当控制点间的高差大，靠自然展线无法取得需要的距离以克服高差，或因地形、地质条件限制，不宜采用自然展线时，三级、四级公路可利用有利地形设置回头曲线进行展线。但回头曲线的缺点是，上、下线处于同一坡面且容易重叠，尤其在回头曲线前后的辅助曲线上，因受地形限制往往相距较近，对于施工、养护及行车均不利。

8 公路纵断面

8.1 一般规定

8.1.1 二级、三级、四级公路路基设计高程采用路基边缘高程，主要是考虑易于控制超高段路基的最低高度。改建公路则宜采用路基中心线高程作为路基设计高程。

8.1.2 本规范表 8.1.2 所列设计洪水频率仅针对一般情况，路基边缘高程与地下水位的关系也只作了一般性规定。在具体设计中，应根据公路所在地区情况，充分考虑水文环境对路基的影响。若遇特殊地质、地理、气候条件，尚应进行专项水文分析，并采取相应的设计措施。

4 对于城市周边地区的路基洪水频率，在确定时应结合城市防洪标准，并考虑城市救灾通道功能，以及城市排洪、泄洪等需求综合论证确定。

8.2 纵坡

8.2.1 各级公路的最大纵坡主要考虑载重汽车的爬坡性能和公路通行能力。对比美国、日本、德国等欧美国家纵坡技术指标，我国最大坡度的确定方法取值上与其他国家基本一致。

但是近年来我国各级公路载重车辆发展速度，大型货车已经成为公路货运车型主要代表车型。根据 2011 西部交通科技项目《标准》（2014）修订配套课题《高速公路纵坡设计关键指标与设计方法研究》，铰接列车六轴 49t（公路限载 55t）的重型载重货车，其功率质量比仅为 5.2kW/t（55t 为 4.55kW/t）。这与《标准》（2003）和《规范》（2006）修订时调查研究的主要车型（12.6t/14.15t 的载重汽车）的功率质量比 9.3kW/t 相比，车辆的整体性能明显降低，因此各级公路应慎用最大纵坡指标。关于"设计速度为 120km/h、100km/h、80km/h 的高速公路，受地形条件或其他特殊情况限制时，经技术经济论证，最大纵坡可增加 1%"的规定应慎用。

8.2.2 高原地区公路，随着海拔高度的增加，大气压力、空气温度和密度都逐渐减小。空气密度的减小，使汽车发动机的正常运行状态受到影响，从而使汽车的动力性能受到影响。研究及试运转表明，解放牌汽车发动机平均功率在海拔 1 000m 处，下降 11.3%；2 000m 处下降 21.5%；3 000m 处下降 33.3%；4 000m 处下降 46.7%；4 500m

处下降52.0%。另外，空气密度变小，散热能力也降低，发动机易过热。经常持久使用低挡高转速，特别容易使发动机过热，并使汽车水箱中的水易沸腾而破坏冷却系统。根据实验与分析，当海拔高度超过3 000m时，应考虑对纵坡予以折减。

8.2.4 桥上纵坡的规定主要从桥梁结构受力和构造方面考虑，而引道纵坡则主要考虑行车方面的要求，并同桥上纵坡保持相同。在具体应用时，应根据桥型、结构受力特点和构造要求，选用合适的桥上纵坡。

位于市镇附近及混合交通量大的路段，桥上和引道的纵坡还应考虑非机动车的爬坡能力，故不宜过大。易结冰、积雪的桥梁，桥上和引道的纵坡也不宜过大。

8.2.5 隧道纵坡与汽车排放的废气量有关，其纵坡以接近3%为界限，纵坡再增大排放的废气量将急剧增加。对需要以机械通风换气的隧道，其最大纵坡宜小于3%。高速公路、一级公路的中、短隧道最大纵坡，当条件受限制时，经技术经济论证后最大纵坡可适当加大，但不宜大于4%。

8.3 坡长

8.3.1 本规范所列坡长是指变坡点间的水平直线距离。在调研中，有设计者建议应对坡长予以折算，即由于变坡点前后设有竖曲线，而竖曲线上任一点的纵坡已不是直线坡而是该点处的切线坡，在采用陡坡处，该坡度值应予折减。对于这一当量坡长的折算方法，持不同意见者认为：其一不直观、不便于操作，增加推算限制坡长的设计工作量；其二是按变坡点间距确定限制坡长，设置竖曲线后纵面线形有所改善，对行车舒适性和行车安全有好处。经研究，本规范仍维持"坡长是指变坡点间的水平直线距离"的说法。

8.3.2 在1991年《纵坡与汽车运行速度和油耗之间关系的研究》以及2003年《公路纵坡坡度与坡长限制》专题研究中，根据东风和解放两种车型（载质量分别为12.6t和14.15t，功率质量比为9.3kW/t）在不同纵坡上的试验结果，载重汽车在纵坡上行驶时存在一个稳定车速，与之相对应的有一个稳定坡长。从运行质量看，纵坡长度不宜超过稳定坡长，而稳定坡长的长短则取决于车辆动力性能、驶入坡道的行车速度和坡顶要求达到的速度。车辆动力性能越好，上坡道起始速度越高，坡顶要求速度越低，则稳定坡长就越长。根据不同等级公路上实际观测到的载重汽车运行速度和今后汽车工业的发展，将85%位载重汽车车速作为起始速度，15%位载重汽车速度作为坡顶速度，结合减速冲坡的坡长与车辆运行速度变化的关系，并考虑车辆实际上坡行驶时车速要比冲坡试验时略小的调查结果和汽车工业发展的需要，提出了不同纵坡最大坡长的规定值。

图8-1为2003年《公路纵坡坡度与坡长限制》专题研究获得的对应研究车型的上坡加（减）速曲线和上坡速度折减曲线。

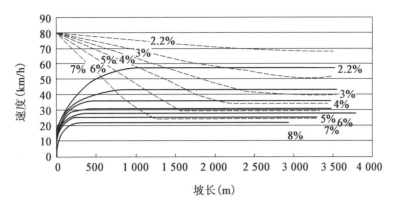

图 8-1 两轴载重汽车满载时上坡加（减）速曲线
(12.6t/14.15t，功率质量比为 9.3kW/t)

根据 2011 年《高速公路纵坡设计关键指标与设计方法研究》专题的调查研究，我国高速公路货运的车型组成发生了较大变化，货运主导性车型主要为五、六轴半挂式铰接列车，但其综合性能整体偏低（功率质量比仅为 5.1kW/t），爬坡能力明显低于之前公路货运主导性车型（功率质量比为 8.3～9.3kW/t），表现在：相同坡度条件下，车辆保持不低于容许最低速度的坡长明显减短；相同纵坡条件下，车辆能保持的稳定速度明显降低了。例如：货车主导性车型在 3% 的平均纵坡上，其全负荷行驶时的最大稳定速度只能达到 40km/h 左右，低于高速公路设计的容许最低速度（50km/h），也低于高速公路一般路段的最低限速（60km/h），出现了明显的"车不适应路"的问题和矛盾。即对于已建成的山区高速公路项目而言，当前高速公路货运主导性车型的性能条件，不适应连续纵坡路段的设计通行条件和要求。

就上坡方向而言，由于货运主导性车型性能条件整体低下，爬坡能力明显降低，上坡时的运行速度降低，必然直接影响高速公路和一级公路连续上坡路段的通行能力和服务水平，进而引起路段拥堵等问题；同时，货车在上坡路段速度出现明显的折减降低之后，会增加大、小车型之间运行速度之差，易引发追尾、横向剐蹭等事故，对行车安全不利。

根据资料和调查，以美国为代表的世界多国均是以功率质量比不低于 8.3kW/t，作为公路设计对货运车型综合性能的一般性的最低要求。同时，在全世界范围内，大型载重汽车的整体性能均是在逐步发展提高的，多数国家主流的大型载重汽车的功率质量比甚至在 10.0kW/t 以上。因此，上述"车不适应路"的矛盾和问题，只能主要通过提升货车综合性能（包括使用更大功率的发动机、装配更为稳定高效的辅助制动系统等）来改善和解决。鉴于当前我国实际的综合国情条件，且货运车型性能条件提升必然需要一定的时间周期，因此，从减小"车不适应路"的矛盾和影响出发，经交通运输部主管部门和《规范》修订组讨论确定，建议对于新建的高速公路、一级公路连续纵坡路段，当货车混入率较高时，宜适当兼顾当前货车主导性车型的性能条件，合理进行纵坡设计和控制。

对于高速公路和一级公路，当货车混入率较高时（达 20% 以上时，自然车），在连续上坡路段的纵坡设计中宜适当兼顾上述变化和影响。具体项目中，应结合交通量、车型组成和货运主导性车型的实际性能条件等因素，参考对应车型上坡加（减）速图和加（减）速坡长表，以保证主导性车型上坡速度折减不低于容许最低速度为前提，合理确定单一纵坡的坡长和多个连续纵坡的组合纵坡方案。当采用的单一纵坡或多个纵坡组合坡段致使车辆实际爬坡速度降低到接近或低于容许最低速度时，应设置必要长度的缓和坡段，使得车辆能够恢复速度到不低于容许最低速度。

图 8-2～图 8-4、表 8-1 和表 8-2 为 2011 年《高速公路纵坡设计关键指标与设计方法研究》专题研究获得的高速公路货运主导性车型（六轴铰接列车）满载（49t）时的上坡的加、减速曲线，上坡加减速坡长表和上坡速度折减曲线。

具体纵坡设计时，可参照上述图表即时获得车辆上坡过程中的速度折减变化。例如，参照图 8-2 和表 8-3，可查取到当车辆以已知的较高初始速度进入某一坡度的纵坡后，随着坡长的增加，其速度逐步降低变化的情况。参照图 8-3 和表 8-2，可查取到当车辆以已知的较低初始速度进入某一坡度的纵坡后，随着坡长的增加，其速度逐步增加变化的情况。而参照图 8-4，可方便查询到某一坡长（横坐标）与某一坡度（纵坐标）组合时（即纵横向坐标交汇处），车辆上坡时的速度折减数值（单位为：km/h）。通过连续查询，也可获得多个纵坡坡段组合条件下的速度折减变化。

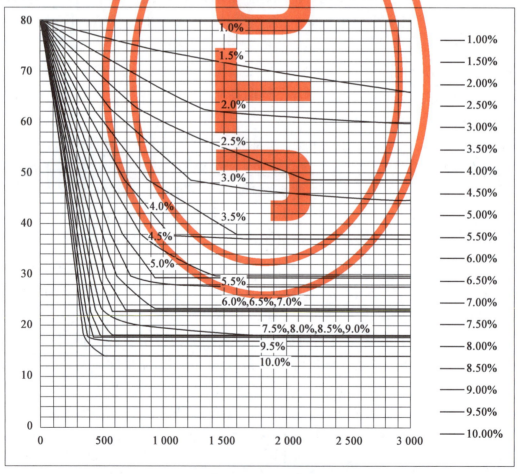

图 8-2　六轴铰接列车满载时上坡减速曲线图

（满载 49t，功率质量比为 5.1kW/t）

表 8-1 六轴铰接列车满载时上坡减速坡长表（49t）

速度	坡度																	
	1.0	1.5	2.0	2.5	3.0	3.5	4.0	4.5	5.0	5.5	6.0	6.5	7.0	7.5	8.0	8.5	9.0	9.5	10
75	46	798	349	224	165	130	108	92	80	71	64	58	53	49	45	42	40	37	35
70	—	1 871	727	454	330	259	214	182	158	140	125	114	104	96	89	83	77	73	69
65	—	3 288	1 121	682	491	384	315	267	232	205	184	166	152	140	130	121	113	106	100
60	—	4 220	2 691	996	680	520	422	355	307	270	241	218	199	183	169	157	147	138	130
55	—	—	—	1 479	917	677	540	449	385	337	300	270	246	225	208	193	181	169	160
50	—	—	—	2 021	1 156	830	652	538	459	400	355	319	289	265	244	227	212	198	187
45	—	—	—	2 173	2 542	1 095	806	647	543	469	413	370	334	305	281	260	242	227	213
40	—	—	—	—	—	1 451	981	764	631	539	471	419	378	344	316	292	271	253	238
35	—	—	—	—	—	1 606	4 713	990	753	625	538	474	424	384	351	323	300	280	262
30	—	—	—	—	—	—	—	1 407	915	726	611	531	471	424	386	354	328	305	285
25	—	—	—	—	—	—	—	1 455	933	3 380	829	639	544	479	430	391	359	332	310
20	—	—	—	—	—	—	—	—	—	—	947	688	574	809	522	449	402	367	339
15	—	—	—	—	—	—	—	—	—	—	—	—	1 809	586	482	425	838	461
10	—	—	—	—	—	—	—	—	—	—	—	—	—	—	—	—	—	—	519
稳定速度	79.8	62.3	58.2	48.6	43.2	37.8	36.8	29.4	29.4	27.6	22.9	22.9	22.9	17.9	17.9	17.9	17.9	17.0	14.0

注：表中速度单位为 km/h，长度单位为 m；每列最后一行的数据对应的速度为平衡速度（不再是左侧的预定速度）。

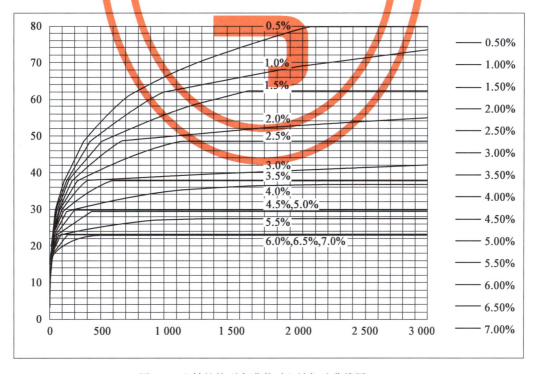

图 8-3 六轴铰接列车满载时上坡加速曲线图（49t）

表 8-2 六轴铰接列车满载时上坡加速坡长表 (49t)

速度	坡度																		
	0.5	1.0	1.5	2.0	2.5	3.0	3.5	4.0	4.5	5.0	5.5	6.0	6.5	7.0	7.5	8.0	8.5	9.0	9.5	10
10	2	2	3	3	3	3	3	3	3	3	3	3	3	4	4	4	4	4	5	5
15	7	8	8	8	9	9	10	10	11	11	12	13	14	16	18	20	24	33	66	20
20	17	18	19	20	21	23	25	27	30	34	40	48	63	105	38	47	64	112	749	—
25	33	35	38	41	46	51	58	69	86	122	350	90	134	363	—	—	—	—	—	—
30	56	62	68	76	87	103	128	200	187	329	3 248	—	—	—	—	—	—	—	—	—
35	93	104	118	138	167	216	326	992	—	—	—	—	—	—	—	—	—	—	—	—
40	144	165	196	245	346	1 470	492	5 208	—	—	—	—	—	—	—	—	—	—	—	—
45	213	252	311	417	687	—	—	—	—	—	—	—	—	—	—	—	—	—	—	—
50	305	374	498	981	1 058	—	—	—	—	—	—	—	—	—	—	—	—	—	—	—
55	438	567	851	3 066	—	—	—	—	—	—	—	—	—	—	—	—	—	—	—	—
60	592	798	1 308	—	—	—	—	—	—	—	—	—	—	—	—	—	—	—	—	—
65	838	1 325	1 583	—	—	—	—	—	—	—	—	—	—	—	—	—	—	—	—	—
70	1177	2 223	—	—	—	—	—	—	—	—	—	—	—	—	—	—	—	—	—	—
75	1 583	3 557	—	—	—	—	—	—	—	—	—	—	—	—	—	—	—	—	—	—
80	2 176	6 422	—	—	—	—	—	—	—	—	—	—	—	—	—	—	—	—	—	—
稳定速度	>80	79.8	62.3	58.2	48.6	43.2	37.8	36.8	29.4	29.4	27.6	22.9	22.9	22.9	17.9	17.9	17.9	17.9	17.0	14.0

注：表中速度单位为 km/h，长度单位为 m；每列最后一行的数据对应的速度为平衡速度（不再是左侧的预定速度）。

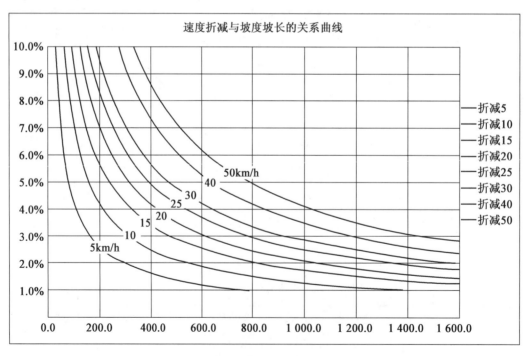

图 8-4 六轴铰接列车满载时上坡速度折减图 (49t)

基于六轴铰接列车实际的爬坡能力和条件，专题论证提出了对高速公路连续纵坡路段上坡时的不同纵坡的最大坡长等指标建议，参见表8-3。最大坡长指标是在对原《规范》规定的高速公路上坡方向容许速度进行必要的调整基础上提出的，参见表8-4。其中允许货车上坡速度折减量为20km/h，参见表8-5。

表8-3　不同纵坡最大坡长（铰接列车，单位：m）

设计速度（km/h）		120	100	80	60
纵坡坡度（%）	2.0	不限	不限	不限	不限
	2.5	1 000	不限	不限	不限
	3.0	680	910	不限	不限
	3.5	520	570	930	不限
	4.0	420	440	560	不限
	4.5	—	360	410	540
	5.0	—	300	320	370
	5.5	—	—	—	290
	6.0	—	—	—	240

表8-4　上坡方向容许最低速度

设计速度（km/h）	120	100	80	60
容许最低速度（km/h）	60	50	40	35

表8-5　货车上坡速度折减量

设计速度（km/h）	120	100	80	60
货车运行速度（km/h）	80	70	60	55
最小允许速度（km/h）	60	50	40	35
货车速度折减量（km/h）	20	20	20	20

对于货车混入率较低的高速公路和一级公路，在上坡路段建议仍采用本规范表8.3.2的规定值，即采用以两轴载重汽车性能条件为基础提出的最大坡长限制指标为基础进行纵坡设计。

对于二级及二级以下公路，由于通行条件和车型组成等与高速公路和一级公路存在不同，在连续纵坡路段的设计中，仍依据本规范表8.3.2的规定值进行上、下行方向的纵坡设计与控制。

8.3.3 载重汽车在较大的上坡路段上爬坡时，速度会逐渐折减降低，坡度越大坡长越长，速度折减越严重。本规范表8.3.2和表8-3的最大坡长限制指标正是从载重汽车爬坡的速度折减变化角度提出的。而设置缓坡坡段的目的也是在于为载重汽车提供一个能够加速的纵坡条件，使其行驶速度能够恢复到容许最低速度以上，并能够继续以不低于容许最低速度的实际速度通行。因此，在连续纵坡路段设计时，应绕这一目的合理设置和采用纵坡坡度、坡长以及缓和坡段的坡度与坡长，应避免机械地套用指标、在指标采用值上"打擦边球",而忽视纵坡设计原则和指标限制目的的做法,尤其避免采用"陡坡最大坡长+缓坡最小坡长"等不利组合的现象。

8.3.4 根据2003年开展的《公路纵坡坡度与坡长限制》专题研究认为,对于二级、三级、四级公路相对高差为200~500m时,以平均纵坡不应大于5.5%对上坡和下坡方向进行控制总体是可行的;而在相对高差大于500m时,平均纵坡应以不大于5%进行控制。同时,为避免局部路段采用过大的纵坡,本条同时要求任意连续3km路段的平均纵坡不宜大于5.5%。

8.3.5 2011年在开展的《高速公路纵坡设计关键指标与设计方法研究》专题研究中发现,高速公路货运车型组成和主导性车型六轴铰接式列车的性能过低(发动机排量偏小、功率小),下坡时的持续制动能力也明显偏低。由于重型载重汽车持续下坡能力主要依靠的是辅助制动系统,而对应该类车型主要装配的发动机排挡制动、排气制动等制动方式而言,其持续制动功率(能力)主要来源于发动机功率。该车型的车货总质量与之前《标准》不同时期选定的两轴8t载重汽车和两轴12.6t和14.15t载重汽车的车型比较,增加了2.88~5.12倍,但所装配发动机的总功率只增加了1.1~2.3倍。同时,经对国内外大型载重汽车的调查对比,与世界其他发达国家比较,受到经济性等条件影响,我国重型载重汽车极少装备有皆可博、缓速器等更为稳定、高效的辅助制动系统。因此,与之前载质量较小的车型比较,六轴半挂式铰接列车的下坡持续制动能力对比下降是较为明显的。与发达国家同类车型比较,该类车型在辅助制动系统装备方面差距是巨大的。该类车型的车辆在连续高速下坡时,若驾驶员为了控制速度、频繁地使用行车制动器,可能因制动毂温度过高、逐步丧失制动效能,而引起车辆失控等安全问题。

下坡方向货车主导性车型持续制动能力低、辅助制动系统装备落后的问题,是前述"车不适用路"的矛盾的另一方面的表现,也直接影响到高速公路行车安全,但仍需依赖我国汽车制造、市场准入标准等的进一步提高,才能从本质上解决和消除。

该专题基于当前我国六轴铰接式列车的整体性能条件,通过实验研究提出了高速公路"连续陡下坡安全性检验指标",即本规范表8.3.5的连续长、陡下坡的平均坡度与坡长指标。该指标是根据六轴铰接式列车满载时,在相对不利的速度条件(车辆保持60km/h速度持续下坡)下,采用发动机制动方式时,保证车辆行车制动器制动效能无明显损失(制动毂温度控制在200℃以下),车辆可连续下坡的最大长度。根据试验研究,当采用大于60km/h的连续下坡速度或采用排气制动方式或车辆安装并使用缓速器等辅助制动系统时,该指标数值将明显大于表8.3.5的数值,即是相对利于安全的。因此,本规范明确:高速公路、一级公路连续长、陡下坡路段的平均坡度与坡长不宜超过表8.3.5的规定。

专题研究结论认为,当高速公路和一级公路的连续下坡的坡长或坡度接近或大于"连续陡下坡安全性检验指标"时,驾驶员为了有效控制车辆下坡速度,不得不连续使用行车制动器(即踩刹车)。在频繁使用行车制动器之后,制动毂温度会逐渐升高。当温度到达200℃以上或者更高时，制动毂就会部分或者全部丧失制动效能，存在可能导致车辆失控的风险。因此，当连续纵坡的坡长或坡度达到或超过该界定指标时，应在连续下坡的中段的合理位置，设置供大型车辆（主要是大型货车）强制停车休息、检修的停车区。其目的一方面是通过一定时间的停车，让行车制动器（制动毂）的温度逐步降低，避免因温度过高引起的制动效能损失现象；另一方面是强制性让驾驶员进行休息，缓解连续长时间下坡的紧张压力和疲劳，以改变长时间连续下坡的驾驶行为状态。

在路段连续下坡坡长或平均坡度接近该界定指标时，应进一步完善交通工程和路侧安全设施，重点应提出路段速度控制与通行管理的方案。因为根据车辆下坡制动特性，车辆下坡时保持的速度越低，车辆下坡的持续能力就越大。

需要特别指出的是，上述专题结论是在驾驶员采用合法规范的驾驶操作行为、车辆无质量问题、合法装载且无非法改装的前提下提出的。任何条件下，都应禁止一切"人"和"车"的违法、违规现象。世界各国的公路技术标准和指标，也均是基于这一前提条件开展研究确定的。另外，上述检验指标也是基于当前我国高速公路货运车型组成及货运主导性车型的性能条件提出的，应结合相关条件变化和公路项目具体情况正确、合理地应用。

综上所述，本规范明确：对于高速公路、一级公路连续长、陡纵坡路段的上坡方向（路段），当货车混入比例较低时，原则上应根据条文第8.3.2条和第8.3.3条等的规定进行纵坡设计；当货车混入比例较高时，则可参考条文说明第8.3.2条中提供的货车主导性车型的性能条件及与之对应的最大坡长等参数、指标进行纵坡设计，并对路段通行能力和服务水平进行检验分析。对于高速公路、一级公路连续长、陡纵坡路段的下坡方向（路段），宜按照条文第8.3.5条规定对平均纵坡进行控制，或通过交通安全性评价实施相关速度控制与管理措施等。对于整体式或分离式路基路段，均应重点对上行方向的通行能力与服务水平、对下行方向的行车安全性进行检验、分析与评价。

8.4 爬坡车道

8.4.1 参见第6.2.3条爬坡车道的条文说明和第8.3.2条关于公路不同纵坡最大坡长的规定的条文说明。

车辆在公路上行驶的自由度不仅受交通量大小的制约，还要受载重车辆因在长大纵坡上减速慢行而产生的阻车限制，这种现象在交通量较大、大型车辆混入率较高的四车道高速公路、四车道一级公路，以及双车道均表现突出。小客车在上坡道上的速度变化不大，而载重汽车却会因爬坡能力不足而减速行驶，结果在坡道上两种车辆的速度差增大，超车需求增多、"强超硬会"的可能性增大，危及行车安全性。因此，在上坡路段为慢速车辆设置爬坡车道是世界上很多国家普遍采用的措施。爬坡车道作为连续长、陡上坡路段通行能力降低后的补充措施，能有效提高路段的通行能力。原则上，当上坡路段载重汽车的运行速度降低到容许速度以下或单一纵坡坡长超过限制或当路段通行能力出现明显降低时（小于设计小时交通量时），均应考虑论证设置爬坡车道。

根据《高速公路纵坡设计关键指标与设计方法研究》专题调查研究结论，由于当前货运主导性车型的综合性能偏低，导致其爬坡能力和速度明显降低，因此，对于货车混入率较高的高速公路、一级公路的连续上坡路段，应结合交通量、车型组成和货车主导性车型的性能条件，合理论证设置爬坡车道，进而减小因车辆性能条件引起的"车不适用路"的矛盾和问题。

8.4.2 爬坡车道的超高坡度是按爬坡车道的行车速度确定的，因爬坡车道行车速度低于主线行车速度，故爬坡车道的超高小于主线的超高。

8.4.3 爬坡车道的布设形式如图 8-5 所示。

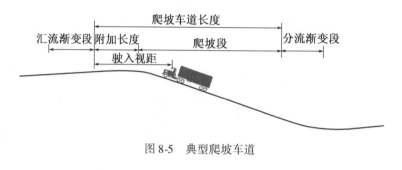

图 8-5 典型爬坡车道

8.5 合成坡度

8.5.1 将合成坡度限制在某一范围之内的目的是尽可能地避免陡坡与急弯的组合对行车产生的不利影响。关于最大合成坡度的限值如何来确定，迄今为止，在理论计算上尚无确切的方法，一般是用粗略的横向和纵向受力分析计算，再根据公路等级和地形类别确定最大允许值。

8.5.2 合成纵坡的方向一般是斜向路基边缘，某些情况下，会给行车带来危险。冬季路面有积雪、结冰的地区，车辆横移性增大；自然横坡陡峻的傍山路段，斜滑后果严重；非汽车交通比率高的路段，斜移将对非机动车造成较大危害。在具体设计时，应多方面考虑，对由斜移形成斜滑易造成严重后果的路段，以采用较小合成坡度 8% 为宜。

8.5.3 合成坡度关系到路面排水。合成纵坡过小则排水不畅，路面积水易使汽车滑移，前方车辆溅水造成的水幕影响通视，使行车中易发生事故。为此，应保证路面有 0.3%～0.5% 的合成坡度。合成坡度较小时，必须在排水设计上予以考虑。

8.6 竖曲线

8.6.1 当汽车行驶在纵坡变坡点时，为了缓和因车辆动能变化而产生的冲击和保证视距,必须插入竖曲线。竖曲线一般采用圆曲线和二次抛物线两种。由于竖曲线的前后坡差很小,抛物线呈非常平缓的线形,因曲率变化较小,所以实际上与圆曲线几乎相同。在实际设计中,一般根据计算方便而采用圆曲线。

本规范表8.6.1所列各级公路的竖曲线最小半径的"极限值",只是在地形等特殊原因不得已时方可采用。在实际设计中,为了安全和舒适,应采用表中所列"一般值"的1.5~2.0倍或更大值。

9 线形设计

9.1 一般规定

9.1.3 一条公路可分段选用不同的公路等级、设计速度。对于一条公路，在地形复杂地段也选用较高的设计速度，将导致投资增加或对环境造成过大的破坏。同时，同一设计速度的设计路段长度又不宜过短，过短的设计路段使得运行速度变化频繁。没有一个较为稳定的、能保持一定时段的运行速度，驾驶操作便较为紧张，不利于安全行驶。

9.1.5 在《标准》（2003）中引入了运行速度的概念，研究表明，行驶速度是一个随机变量。不同的车辆在行驶过程中采用的行驶速度是不相同的，一般呈正态分布。通常用代表车型在车速分布累计曲线上第85位百分点的行驶速度作为运行速度（或称v_{85}）。以运行速度来对线形设计进行检验、优化，不仅考虑到了绝大部分驾驶员对行驶速度较高的期望，同时运行速度也考虑到了路侧环境、驾驶行为等因素对行驶速度的影响。各级公路平、纵面技术指标变化大的路段，运行速度的变化也大。研究表明，当运行速度（v_{85}）与设计速度v之差大于20km/h时，各类交通事故发生的概率就显著增加。所以，对受条件限制而采用平、纵技术指标最大值（或最小值）的路段，或平、纵线形组合复杂的路段，或实际行驶速度可能超出（或低于）设计速度的路段等，应采用运行速度进行检验。

通过一段时期的运用，采用运行速度的方法进行设计检验的理论与方法已基本成熟，而且有了大量的实践经验。因此，本次修订规定公路设计应采用运行速度对线形设计进行检验，并提出了具体的量化指标要求。

9.2 平面线形设计

9.2.1 第2款中的"技术措施"主要指为消除视觉单调、驾驶疲劳等问题，而采用的视线诱导、限速、疲劳驾驶警示等措施或设施。

9.2.2 在长直线上，驾驶者一般都会加速行驶。如果纵坡坡度大于-3%，则更容易出现超速运行。众所周知，长直线下坡尽头是交通事故率高的地段，主要是超速运行所致。为确保安全，应对相应路段的圆曲线半径、超高、视距等采用运行速度进行检验。为此，对长直线的运用应持谨慎态度。

9.2.3 圆曲线半径的选用与设计速度、地形、相邻曲线的协调均衡、曲线长度、曲线间的直线长度、纵面线形的配合、公路横断面等诸多因素有关。单纯从某一方面来决定和评价其值的大小是片面的。

选用过大的圆曲线半径，常常会造成平曲线过长。曲线过长且地形平坦、景观单调时，同样会使驾驶者感到疲劳、反应迟钝。调查表明，驾驶者并不希望在过长过缓的曲线上行驶。所以，选用大半径的圆曲线时，也应持谨慎的态度。

地形条件受限时，方可考虑采用圆曲线"一般值"；地形条件特殊困难而不得已时，方可采用"极限值"。所以对小半径圆曲线的运用也应持谨慎的态度。需强调的是，采用小半径圆曲线时应特别注意同相邻圆曲线指标的均衡与协调，应使运行速度的变化小于10km/h。

9.2.4 回旋线在线形设计中应作为主要线形要素加以运用。根据德国等国外经验，回旋线参数 A 与圆曲线半径 R 之间可成下列关系：$R/3 \leq A \leq R$。

1 调查表明，由于使用了长的回旋曲线，在视觉上线形变得自然平顺，行驶更加安全舒适，回旋线参数 A 值的灵活运用增加了线形设计的自由度，使得线形与地形更容易相适应。

2 卵形曲线中，连接两个同向圆曲线的回旋线是曲率半径从 R_1 到 R_2 的回旋线，规定 $R_2/2 \leq A \leq R_2$ 是为了使曲率的变化不致过于急促。

3 凸形曲线中，当连接点的曲率半径较小、需要设置超高时，连接点附近的 $0.3v$ 长度范围内，应保持相同的路面横坡度，这样便可以改善立体线形的连续性，克服凸形曲线连接点的线形的突变。

4 一般来说，直线段（$R=\infty$ 时）其路面横坡总是向外侧倾斜的。对 C 形曲线而言，其外侧车道就会出现短距离内改变路面横坡方向的问题。短距离内改变路面横坡方向，会使立体线形变得扭曲，对行车不利。为使路面横坡方向保持不变，并使公切点前后回旋线段内有相当长度的路段，采用同一横坡是必要的。

9.3 纵面线形设计

9.3.1 对行驶者而言，与平面线形相比，纵面线形是否平顺，在视觉上往往是影响线形质量好坏的主要因素。使人感到纵面线形不太好的主要原因是插入了小半径的竖曲线，形成了线形的折曲；或插入过多的竖曲线，形成了线形的跳跃。纵面线形的驼峰、暗凹、跳跃、断背和折曲等会造成驾驶者视觉的中断，因此，应予以避免。

4 对于连续长、陡纵坡的路段，在考虑上坡方向的通行能力的同时，应重视上坡和下坡方向的行车安全性检验。

9.3.2 纵坡坡度一般以平、缓为宜。不宜采用最大纵坡和不同纵坡最大坡长。根据相关研究，大于3%的纵坡路段的事故率是缓坡路段的2～3倍，甚至更高，而且能耗急剧增加，大气污染也随之变得严重，对于载重汽车而言，车速也会明显降低。通行能力、服务水平都明显下降。当不得已而设置陡坡时，应采用运行速度进行检验，以确保高速公路的通行能力和服务水平符合要求。

9.3.3 不论是平原还是山岭路段，纵断面均宜避免急剧的坡度变化以保证视觉上的平顺。

9.3.4 纵面线形的优劣很大程度上取决于竖曲线半径的大小。选用本规范条文中大于表9.3.4所列的竖曲线半径，有利于获得视觉良好的线形。《标准》（2014）中给出竖曲线最小半径是满足停车视距所需的最小半径，对于双车道公路在考虑有超车需要的路段，应采用较大的竖曲线半径，如工程规模过大时，可采用标志、标线等设施提供行车安全。

竖曲线长度太短，汽车行驶时会感到不适或视觉上存在问题。对于凹形竖曲线，如果半径较小，两个同向凹形竖曲线间存在直线坡段时，在视觉上会产生断背的感觉。对于反向竖曲线，竖曲线半径较小时，汽车从凹（凸）形竖曲线驶向凸（凹）形竖曲线，当离心力加速度的变化值大于 $0.5m/s^2$ 时，应在反向竖曲线间设置直坡段。

9.4 横断面设计

9.4.1 公路横断面设计既受平、纵线形设计的制约，也对其起控制性作用。应最大限度地降低路堤高度，做好防护、排水、取土、弃土等的设计，减小对沿线生态的影响，防止水土流失，保护环境，使公路融入自然。路基边坡不宜过高、过陡，对出现的高填、深挖地段，应同高架桥、隧道以及分离式路基等多方案进行比选、论证。

9.4.2 调研资料表明，山区高速公路由于采用整体式路基断面而造成的深挖、高填所诱发工程地质病害的教训不少。横断面的布置对于平坦地形而言，大多采用整体式路基断面形式。但是，对横坡较陡、地形起伏较大、工程地质复杂的地段，应充分考虑地形、地质、景观等因素的特点，选择最能适合该地形的横断面形式。高速公路可考虑采用傍山上、下行分开且高度不同的分离式路基断面，从而减小工程对自然环境的影响，避免引发的工程地质病害。

9.4.3 中间带宽度变化时，车道将发生偏移，为保证行驶安全，应按左、右分幅进行线形设计。条件受限制时，且中间带宽度变化小于 3.0m 时，可采用渐变过渡，过渡段的渐变率不应大于1/100。

9.4.7 路基边坡应根据自然、生态、地质等情况采用相适宜的坡率，且随纵、横向地势变化而变，不应采用单一坡率。低填方路段应尽量将边坡放缓；挖方路段边坡的坡脚、坡顶，应采用自然的圆弧过渡；边坡外形与周围环境融为一体。排水工程除应自成体系、满足功能要求外，设置在路侧安全区范围的边沟，其断面宜选用浅碟形或漫流等方式，否则应加盖板。路侧安全净区以外的排水工程的断面形式等可因地制宜设置，并与周围环境相协调。

9.5 线形组合设计

9.5.1 公路线形设计的习惯做法是先进行平面线形设计，后进行纵面线形设计。因此，在做平面线形设计的同时考虑纵面线形设计的配合，就显得十分重要。否则，只能以纵面来迁就平面，或者不得不"勉强凑合"。因此，在做平面线形设计时，一定要考虑到纵面线形问题；同样在做纵面线形设计时，也一定要与平面线形协调配合。

9.5.2 平、纵线形组合设计的原则为"相互对应"，且平曲线稍长于竖曲线，即所谓的"平包竖"。国内外研究资料表明，当平曲线半径小于 2 000m、竖曲线半径小于 15 000m 时，平、竖曲线的相互对应对线形组合显得十分重要；随着平、竖曲线半径的增大，其影响逐渐减小；当平曲线半径大于 6 000m、竖曲线半径为 25 000m 时，对线形的影响就显得不敏感了。因此，线形设计的"相互对应且平包竖"的设计原则需视平、竖曲线的半径而掌握其对应、符合的程度。

9.5.5 在高填方路段设置具有诱导功能的交通设施，其目的在于防止驾驶员对曲率的误判，提高路段的运营安全性。

9.6 线形与桥、隧的配合

9.6.1 高速公路、一级公路和承担干线功能的二级公路行驶速度高，桥梁、桥头引道与路线衔接必须舒顺才能满足行车与安全的要求。因此，高速公路、一级公路和承担干线功能的二级公路上的桥梁线形除特大桥外，其布设应符合路线总体布设的要求，使桥梁、桥头引道与路线的线形连续、均衡；而特大桥则应尽量顺直，以方便桥梁结构设计。

高速公路设置护栏的路段，由于路基与桥涵护栏设置位置的差异，会导致平面上出现外凸或内凹的现象，不仅影响美观，也影响安全。故要求桥涵与桥头引道的行车道［包括加（减）速车道、爬坡车道、慢车道、错车道等］、硬路肩或紧急停车带、中央分隔带、路缘带等对应的宽度应保持一致，使设置的护栏其平面宜为同一条基准线，避免出现凸形或凹形，即俗称的"内齐外不齐"。

9.6.2 隧道、隧道洞口连接线与路线的衔接应符合路线总体布设的要求。调查资料显示，隧道洞口内外是事故多发路段，为此对隧道洞口外连接线与隧道洞口内的平、纵线形应保持一致的长度作了相应规定，规范细化了"线形一致"的放宽条件，但限定了使用条件；并规定了隧道内、外路基宽度不一致时，应设置过渡段的要求。

9.7 线形与沿线设施的配合

9.7.1 要求主线收费站、服务区、停车区前后的路线线形连续流畅，无视觉不良的线形组合，是因为这些路段的车流状态比较复杂，公路使用者需要得到的信息比一般路段上多。流畅的线形、良好的视觉是安全的基础。

9.7.2 主线收费站选择在直线上，或不设超高的曲线上，或不得设在凹形竖曲线内的规定，是从路面排水方面考虑的；不得设在长（大）下坡的中底部的规定，是基于安全考虑的。

9.8 线形与环境的协调

9.8.1 同样的线形在不同的环境中给人的感觉不同。调查发现，由于线形与环境景观的不良配合，会给驾驶者造成精神压力或因错觉引发交通事故。线形与环境景观的协调设计，首先要考虑交通安全。

10 公路与公路平面交叉

10.1 一般规定

10.1.1 公路功能和技术分级差异大的公路交叉时,应限制设置平面交叉;承担干线功能的一级公路和二级公路,为提高其交通安全性和通行效率,应严格限制被交道路接入,控制设置平面交叉的数量和间距。同时,根据调研情况,对于承担集散功能的一级公路和二级公路,从提升行车安全性角度,有条件时也应限制被交道路频繁接入尤其是乡村道路随意接入的现象。条文中"限制"、"严格限制"的程度用语,表达修订组在平面交叉设置上的导向性意见,即允许设置,但应结合公路功能、技术等级及建设条件,限制平面交叉设置的数量、加大平面交叉设置的间距、做好交叉交通组织与渠化设计等。其中"严格限制"相对"限制"更为严格、强烈。

公路平面交叉设置数量与间距直接影响着一条公路相关路段的通行效率。一条公路的平面交叉数量越多、间距越小,显然对公路区域内路网衔接、对两侧村镇的交通出行是更为便利的,但对路段通行效率的影响却是越大的。同时,平面交叉越多、越密,对交通安全与交通组织管理也是不利的。因此,在具体项目设计中,应正确把握项目功能定位及技术等级差异,恰当协调通行效率与沿线交通便利之间的平衡。

此外,在《标准》(2014)修订过程中,曾对我国西部省份在交通量较小的前提下,是否允许高速公路主线上设置平面交叉进行了调研和讨论。经论证一致认为,根据高速公路完全控制出入、全立交、全封闭的特点和交通组织方式,从其提供安全、快速、直达等交通服务功能出发,应明确禁止高速公路主线上设置平面交叉,这也符合我国长期以来对高速公路的理解和认识。

10.1.2 平面交叉设计原则强调了在交叉中应减少冲突点,缩小冲突区,并分散和分隔冲突区实行渠化处理的规定。

我国以前公路平面交叉设计不够完善,规模小,难以适应交通需求。由于绝大多数未作渠化设计,使得驾驶者无指定行迹可循,也不知他人动向,因而不是抢道、占道行驶,便是彷徨择道或犹豫等待,致使交叉的空间得不到充分有效地利用,且频频出现交通事故。随着交通量的增长,非渠化交叉的不适应性越趋突出,已达到非作渠化设计不可的地步。故将平面交叉的渠化作为设计原则,旨在引起设计者的重视,并在后续条文中对渠化设计作了较为具体的规定。

4 在平面交叉设计时，应保证平面交叉范围内对应的通视和视距条件要求。当受地形、地貌或地物等影响不能满足时，平面交叉应改造或移位设置。

10 由于公路设计车辆修订变化，本条规定公路平面交叉应满足对应的设计车辆的通行要求。必要时，应根据实际通行车型（如特种车辆）转弯轨迹特征，对平交口及转弯车道的通过性进行检验。

10.1.3 交通管理方式决定了交叉的几何构造。即：交叉设计中首先应根据相交公路的功能、地位和交通特性来确定其交通管理方式，继而确定相应的交叉类型和几何细节设计。当然，在某些情况下，受场地条件限制时也有反过来决定交叉管理方式的。由此可见，交通管理方式是交叉设计的先决条件，因而必须为设计者所熟悉和在设计中所运用。随着交叉的交通量的增大和设施的复杂化，平面交叉中交通管理设施的作用及其被依赖的程度越趋明显。因此，对交通管理的方式作了较为明确的规定。同时，在一些接近城市郊区路段的公路上，从平面交叉使用信号控制所取得的效果来看，在某些条件下采用信号管理是非常必要的。因此，规范规定了采用信号设施的条件。

10.1.5 根据《标准》（2014）中关于平面交叉角度（锐角）的规定，本次修订调整规定平面交叉的锐角不应小于70°，在条件受限时应大于45°。

10.1.6 鉴于我国各级公路平面交叉交通安全问题较为严重，而公路建设项目对平面交叉渠化设计重视不够等现状，本条在《标准》（2014）中相关条文的基础上，进一步对各级公路平面交叉渠化设计进行了细化规定：二级及二级以上公路的平面交叉必须进行渠化设计；三级公路的平面交叉应进行渠化设计；四级公路的平面交叉宜进行渠化设计。

渠化设计可采用加铺转角、加宽路口、设置转弯车道和交通岛等方式，如图10-1~图10-4所示。

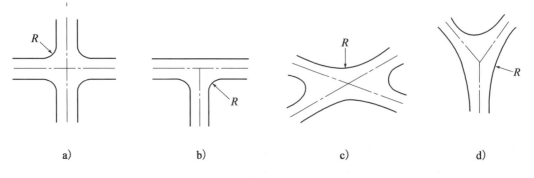

图10-1 渠化设计示意图（加铺转角方式）

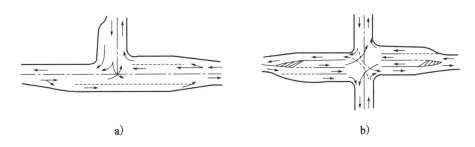

图 10-2 渠化设计示意图（加宽路口与设置转弯车道方式）

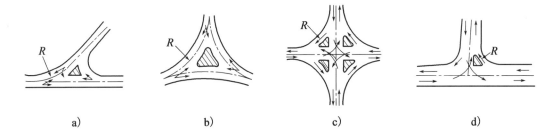

图 10-3 渠化设计示意图（设置转弯车道方式）

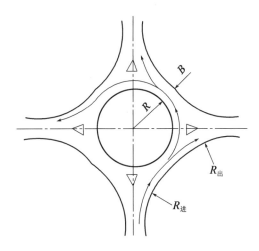

图 10-4 渠化设计示意图（设置交通岛方式）

10.1.7 平面交叉间距强调了限制平面交叉和出入口数量的措施。对公路沿线开发程度高的路段，应将街道或小区用户道路布置在与公路相交的支路上，或与公路平行而与公路间只提供有限出、入口的次要公路上。对此，公路管理部门应引起重视，并采取必要的行政手段使之得以遵循。

10.1.8 根据《标准》（2014）中关于公路服务水平分级调整的修订结论，本条修订明确了各级公路平面交叉的服务水平，并要求三级及三级以上公路的平面交叉对通行能力和服务水平进行检验。

10.2 平面交叉处公路的线形

10.2.1 本条除规定了平面交叉范围内两相交公路的交角和线形要求外，还规定了新建公路与等级较低的既有公路（次要公路）之间出现斜交角很小的交叉时，应通过局部改移次要公路引道，使之符合交角的要求。

10.2.2 平面交叉范围内驾驶操作复杂，易发生交通事故。因此尽管行驶速度可以比一般路段低一些，但希望比一般路段有更好的纵面线形，使驾驶者能尽早看到交叉范围内的车流动向，以便于变速或停车。

10.3 视距

10.3.1 引道视距是使驾驶者在看到路面上的停车标线标记后能将车辆停下来所需的视距。因此引道视距的长度与看到路面上的障碍后能将车辆停下来的"停车视距"的值相同。但引道视距的物高为0，故保证引道视距所需的凸形竖曲线半径比停车视距的应大一些。

10.3.2 由于受条件限制而不能保证由相交两条公路各自停车视距所组成的通视三角区时，可降低要求而保证安全交叉停车视距通视三角区的通视，但此时次要公路入口由"减速让行"管理改为"停车让行"。这一设计要求与本规范第10.2节中的交通管理方式相呼应。

10.4 转弯设计

10.4.1 车辆在平面交叉中的转弯在绝大多数情况下都是急转弯，尤其是在左转弯时。车辆在急转弯状态下行驶，它所循线形和占用的路幅宽度是不断变化的。因此，转弯曲线和路幅设计应以通行车辆转弯时的实际行迹内、外缘所包含的区域作为设计控制。

依据《标准》（2014）中确定的五种设计车辆的外廓尺寸、车体结构等参数（如轮距参数、铰接位置及前悬长度等），规范分别对五种设计车辆的最小转弯行迹和车身外廓需要的转向净空进行了详细计算对比。根据结论，给出了五种设计车辆以最低行驶速度（5~15km/h）转弯时的转弯轮迹曲线，见下图10-5~图10-9。同时，图10-5中还提供了各种设计车型的最小转弯半径，供具体项目设计时参考使用。

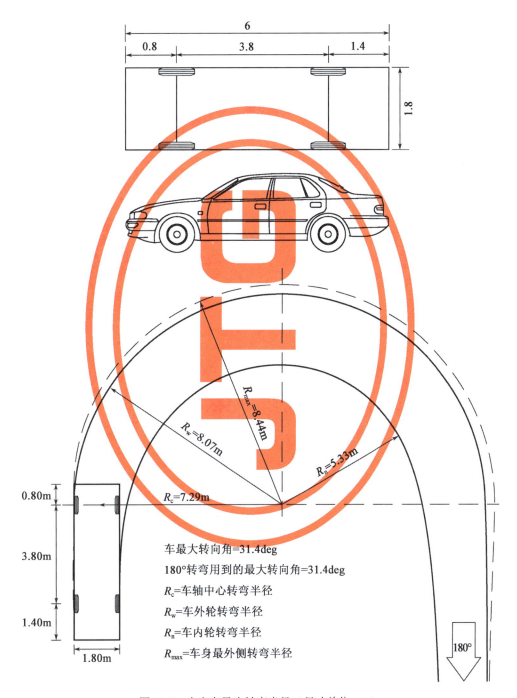

图 10-5 小客车最小转弯半径（尺寸单位：m）

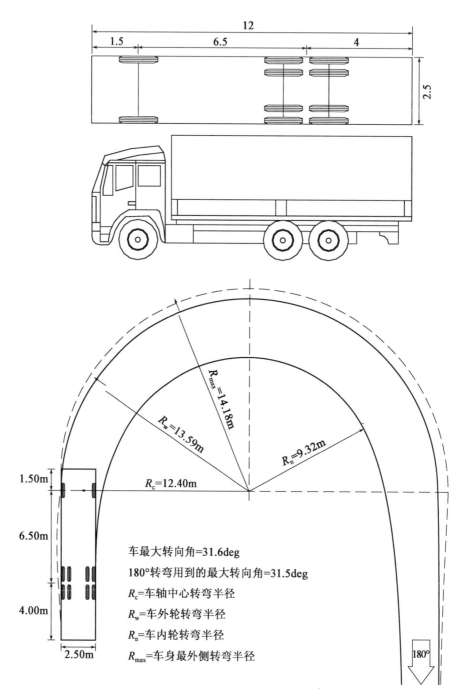

图 10-6 载重汽车最小转弯半径（尺寸单位：m）

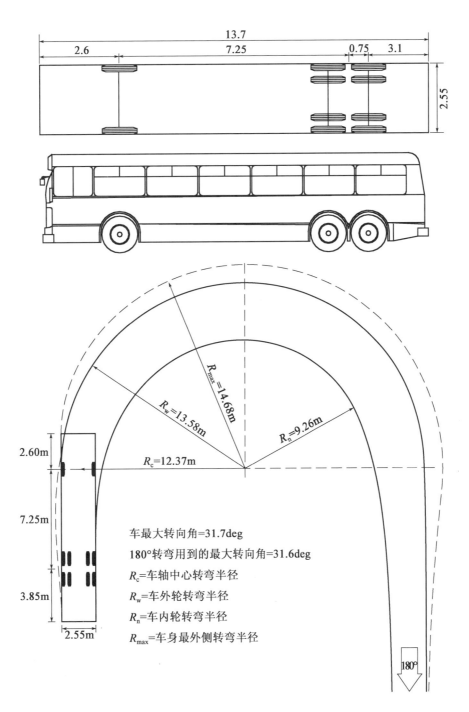

图 10-7 大型客车最小转弯半径（尺寸单位：m）

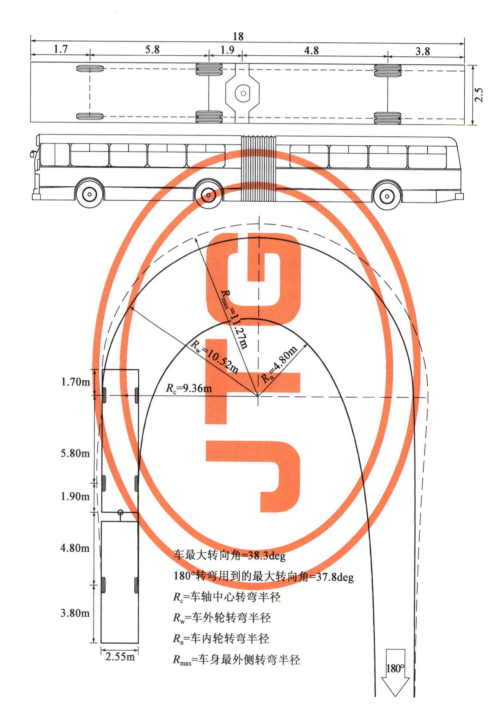

图 10-8 铰接客车最小转弯半径（尺寸单位：m）

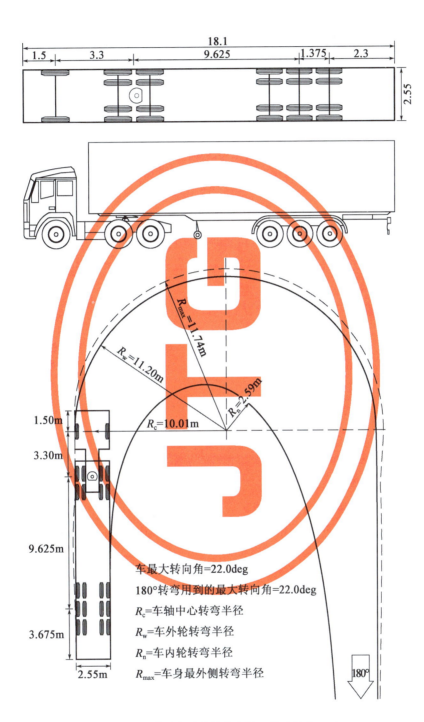

图 10-9　铰接列车最小转弯半径（尺寸单位：m）

10.4.2 不同设计车辆转弯的行迹是不同的，同一设计车辆以不同速度转弯时其行迹也是不同的，因此转弯曲线设计中首先应确定用来控制设计的设计车辆和对应的设计速度。本次修订中对五种设计车辆的行迹分析发现：尽管铰接列车的车身总长最大，但载重汽车转弯行迹的最小半径却大于铰接列车和其他设计车型；而另一方面，铰接列车在转弯时，车身外廓所需的转向净空却大于载重汽车等其他设计车辆。经综合分析论证，本次修订明确：在平面交叉的转弯设计时，仍采用载重汽车的行迹进行设计控制（转弯曲线的内缘半径）；必要时，应根据铰接列车等设计车辆的行迹对转弯路面的加宽、转向净空等进行检验。

转弯曲线所采用的设计速度分如下几种情况：

（1）左转弯有时是待机进行的，因而不必采用较高的设计速度，一般采用5～15km/h。设计中，左转弯的内缘曲线的最小半径为15m。大型车比例很小的公路（如旅游公路）或能够局部利用对向车道空间转弯的路段，可采用5km/h的设计速度，对应左转弯内缘曲线的最小半径12.5m。

（2）非渠化交叉或无分隔的右转弯车道的简单渠化交叉中，右转弯曲线的设计速度可与左转弯的相同或略高一些。转弯内缘曲线的主曲线最小半径也可为15m。

（3）渠化交叉中，在设置分隔的右转弯车道的情况下，应按20～30km/h控制转弯速度，并保证转弯净空的要求。

10.4.3 本条规定了转弯（右转弯）路面内缘的最小半径和线形。按转弯行迹而言，路面内缘是一条相当复杂，且无法用数学模型表达的曲线。在实用中无须十分精确，因而国外有两种简化的路面内缘曲线的模式。较多国家采用三心复曲线（三圆弧复合曲线）；有的国家采用圆弧两端接特定参数回旋线的线形。国外研究表明，三心复曲线的拟合性较好，条文中推荐采用三心复曲线。

非渠化交叉中，交通量较小或很小，转弯时允许"侵占"别的行迹，因而对路幅内缘的拟合不作要求或不作严格的要求。以铰接列车等长尺寸车辆控制设计的非渠化交叉中，上述"侵占"不可忽略，应采用与行迹大致吻合的双圆弧复曲线。

10.5 附加车道及交通岛

10.5.1 非渠化交叉或不设分隔的右转弯专用车道的简单渠化交叉中，当主要公路速度较高（如80km/h）且交通量较大时，即使右转弯交通量不大，也会由于右转弯的减速而影响直行车辆的速度并导致交通事故。这种情况下，增设的减速分流车道可避免车流紊乱。

渠化的右转弯附加车道由分隔的右转弯专用车道及其两端的变速车道组成。

10.5.2 左转弯车道是在直行车道左侧开辟的供左转车辆分流、减速和等候左转的专用车道，由渐变段、减速段和等候段组成。

10.5.3 平面交叉中的变速车道长度，如表10.5.3-1所列，适用于等宽变速车道设计，且未包括渐变段长度。对于非等宽变速车道设计可用汇流（加速）0.6m/s和分流（减速）1.0m/s的侧移率来控制，而将变速车道设计成一个渐变车道。

当直行车道的通行能力有较大富裕且行驶速度低，或条件受限制而难以设置足够长度的加速车道时，可采用不短于50m的渐变段。此时入口处往往需要采用"减速让行"管理。

10.5.4 本规范参考国外较普遍的说法，将交通岛分为导流岛（分隔同向车流）和分隔岛（分隔对向车流）两种。

条文中将交通岛按结构类型而分为实体岛、隐形岛和浅碟式岛三种，并规定了一般情况下的使用场合。

在实体岛和隐形岛的适用场合上，国外有较明显的差别。但有这样的趋势，即四车道公路上用实体岛，双车道公路上多为隐形岛。实体岛对车流作强制性分隔，因而分隔效果好。双车道公路采用实体岛当遇事故和车辆故障时，易引起交通阻塞，尤其是在我国无硬路肩和较宽的土路肩的情况下。同时，在渠化设计的推行过程中，使用实体岛容易被撞及，反而导致交通事故。因此双车道公路宜采用隐形岛。

10.6 平面交叉的改建

10.6.1 既有平面交叉由于本身规模太小和设施不齐全，而导致过多的交通延误和存在事故隐患时，则需采取相应措施改善平面交叉。若公路的设计速度高，交通量大，采取一定措施尚不能满足需要时，还需要考虑将平面交叉改建为互通式立体交叉。

11 公路与公路立体交叉

11.1 一般规定

11.1.1、11.1.2 规范根据《标准》(2014)中的相关规定，对公路与公路立体交叉及其互通式立体交叉的设置条件作了相应修改。如一级公路同交通量大的其他公路交叉，由原"宜"采用立体交叉，修改为"应"采用立体交叉等。

11.1.4 本条对互通式立体交叉按其功能不同而分为枢纽互通式立体交叉和一般互通式立体交叉。其中，前者系两条高速公路之间实现交通转换的互通式立体交叉，即美国所称的"系统互通立交"（System Interchanges）；后者为高速公路、一级公路与其他公路相交，或其他公路相交的互通式立体交叉。其中高速公路与其他公路相交的立交也可称为服务型互通式立体交叉（即美国所称的 Service Interchanges）。当一级公路作为国家或区域的主干线，且其上的平面交叉间距足够大（≥2 000m）时，则它与高速公路间的互通式立体交叉也应按枢纽互通式立体交叉设计。

11.1.5 互通式立体交叉的最小间距仍维持 4km 的规定。鉴于路网结构与地形条件或其他特殊情况的限制，规范与《标准》(2014)一致，仍保留了两互通式立体交叉之间保持 1 000m 净交织长度的极限最小间距，并且强调应进行专项交通工程设计等。条件更为特殊时，通过集散道将两个互通式立体交叉的所有出入口或主要出入口串联起来而成为复合式互通式立体交叉。执行本条时务须注意：保持 1 000m 的净交织长度的这种运行会对主线上的流态有明显的影响，尤其是主线交通量较大时。至于复合式互通式立体交叉，在集散道上依然存在交织。若被复合的两个互通式立体交叉或其中之一为高速公路间的，则交织运行会影响高速公路间转弯运行中所应有的流态。此外，复合式互通式立体交叉中存在标志设置困难的缺点。因此，"复合"是在不得已情况下的一种权宜措施。设计中遇到这种情况时，首先应从路网节点配置着手，解决交通转换，而不应轻易采用复合式互通式立体交叉。因此条文中特别强调了必须"经论证"这一条件。当然，如果被复合的两个互通式立体交叉均为一般互通式立体交叉且转弯交通量不大，那么复合式互通式立体交叉也仅仅是造价上不经济。

11.1.6 隧道出口距前方互通式立体交叉的距离，本次修订仍保留了原规范中隧道出口至减速车道渐变段起点的距离不应小于 1 000m 的规定，地形等条件严格受限制时，宜满足现行《公路立体交叉设计细则》（JTG/T D21—2014）的相关规定。

11.1.9 互通式立体交叉范围内的主线线形指标基本上保留了《规范》（2006）中的规定，个别指标稍作调整。主线线形指标是对立交范围内的视距、视觉、对前方路况应有预知性、变速车道的平纵线形及其与主线的衔接以及匝道关键段落的平、纵线形等一系列形态要素的宏观控制，以保证车流顺畅平滑，变速从容，使整个立交具有良好的运行性能。

互通式立体交叉范围内主线的最大纵坡，主要是控制变速车道处于出口下坡段、入口上坡段的主线纵坡值。表11.1.9中规定了最大纵坡一般值，最大纵坡的最大值（特殊值）是在规定的一般值上，考虑地形和特殊原因，容许增加1%。按照《日本高速公路设计要领》的规定，设计速度为120km/h，最大纵坡仍应控制在一般值2%，不容许增加。以前《规范》（1994，2006）中设计速度100km/h一档的最大纵坡一般值、最大值均采用2%，其要求偏于严格。本次修订将设计速度100km/h的主线纵坡最大值由2%调整为3%。

鉴于主线大下坡路段出口容易发生交通事故，对主线出口下坡较陡，相接减速车道且匝道的线形不利行车安全时，最大纵坡可采用表11.1.9中括号内的限制值。

修订征求意见中，尽管仍有意见认为表11.1.9的部分指标过高而难以满足。但作为宏观控制的指标，不应放松。特别是对于影响主线出入口视距的凸型竖曲线最小半径，应尽量采用大于极限值的半径。分流鼻前的一定范围内，有条件时应采用满足识别视距的凸形竖曲线最小半径。在设计中若遇特殊情况或困难，少数指标可采用"极限值"，但应有保证行驶安全的弥补措施。特殊情况时，对于互通式立体交叉范围内不影响主线出入口视距的凸形竖曲线指标、变速车道以外的平曲线指标，可低于表11.1.9的规定。

11.1.10 复合式互通式立体交叉的连接方式是新增条文。近年来复合式立体交叉不断增多，尤其是一般互通式立体交叉与枢纽互通式立体交叉构成的复合式立体交叉增加较多，将两处互通式立体交叉仅用辅助车道连接起来的连接方式，会影响枢纽互通式立体交叉流出、汇入交通的稳定运行，不利于行车安全。因此，规范不应推荐，建议从路网规划上就尽量避免这样的复合式立体交叉。

本次修订针对复合式互通式立体交叉，提出了三种基本的连接方式：

①采用辅助车道将两互通式立体交叉的上一入口至下一出口连通。

②采用与主线分隔的集散车道将主线一侧的所有出口、所有入口连通，形成在主线上一次流出、一次汇入的方式。

③采用交织分离车道，将在集散车道上的主要交织车流分离，形成两处互通式立体交叉间无交织运行的方式。

复合式互通式立体交叉连接处理方式的选择原则如下：

（1）两处一般互通式立体交叉构成的复合式立体交叉可选择第①种方式。

（2）一处一般互通式立体交叉和另一处枢纽互通式立体交叉构成的复合式立体交叉应选择第②种方式；交通量大、交织距离短、有双车道出入匝道时，应选择第③种方式。中西部地区且转向交通量较小时，经过充分论证并对通行能力分析验算后，可采用第①种方式。

（3）两处枢纽互通式立体交叉构成的复合式立体交叉应在路网规划时尽量避免，不得已设置时应选择第③种方式。

无论哪种处理方式，都应对两处互通式立体交叉之间交织段的长度进行通行能力分析验算，且交织段的长度不应小于600m。

11.2 视距

11.2.2 互通式立体交叉出口分流鼻之前的主线上应保证判断出口所需的识别视距，其值采用《标准》（2014）中的附录B。只有在条件受限时方能采用1.25倍的停车视距。

判断出口时采用识别视距，是考虑驾驶者（目高1.2m）应看到分流鼻端的标线，即物高为0。对此，在确定凸型竖曲线半径时应注意。

11.2.4 为保证汇流鼻前的通视三角区，设计中应注意：主线为下坡、匝道为上坡的情况下，通视区范围内的匝道纵坡不得与主线纵坡有较大的差别。尤其是当主线为桥梁并采用实体护栏时，护栏有可能完全遮挡匝道方向的视线。最理想的通视条件是三角区范围内匝道的路面高于主线的路面。

11.2.5 对设置在跨线桥后的出口作了"匝道出口至跨线桥的距离不应小于150m"的规定。但如果跨线桥上或下的主线在平、纵面上均呈直线线形或很大半径的曲线，且墩、台并不压缩桥下主线驾驶者的视野，因而不影响驾驶者对出口的判断时，可不受这一规定所限。

11.3 匝道设计

11.3.1 首先必须强调，汽车在匝道上的行驶过程中客观上存在着变速，因此匝道设计速度实际上应是匝道线形受限制路段所能保证的最大安全速度，其余路段上应以与匝道中必然存在的变速行驶相适应的速度作为设计的控制值。接近自由流出入口附近的匝道部分应有较高的设计速度；接近收费站或平面交叉的匝道端部，设计速度可酌情降低。对此，设计者必须改变以往在确定匝道各部位要素时笼统地以一个固定的设计速度作为设计控制的做法。

11.3.2 匝道横断面组成、宽度和类型是匝道横断面设计的主要内容，具体设计和选用时可参考如下：

（1）右侧硬路肩宽度：《规范》修订征求意见中，多数公路建设管理、养护部门建议增加单车道匝道的宽度，即右侧硬路肩宽度，以便于维修养护施工作业中能保持不中断交通和便于故障救援等。故本次修订将高速公路、一级公路的右侧硬路肩宽度一般值均调整为3.00m。设供紧急停车用的匝道右侧硬路肩宽度也由原2.50m调整为3.00m。

（2）车道宽度：虽然增加了匝道设计速度大于60km/h时，车道宽度可采用3.75m的规定。但鉴于右侧硬路肩宽度增加到了3.00m，即便匝道设计速度大于60km/h，由于路面宽度增加了，采用3.50m的车道宽度对行车安全无影响。如果采用3.75m的车道宽度则可能产生某些不合理现象。例如，单向双车道匝道路基宽度可能达12.75m，比原设计速度为80km/h的高速公路分离式路基宽度12.25m还宽，这对使用现有桥梁标准图、通用图不利，因而可根据主线的路基宽度合理取用。对于右侧硬路肩宽度小于3.00m的匝道，当设计速度大于60km/h时，可采用3.75m车道宽度。

（3）匝道横断面类型选用：河南等省反馈意见，原《规范》（2006）中匝道长度不小于300m时，考虑超车需求时采用的单车道出入口Ⅱ型横断面，存在匝道长度虽然大于规定长度，但设置前后渐变段后，可供超车的段落仅有100余米，很难完成超车。设计单位在已往的互通设计中，仅满足超车之需而采用双车道Ⅱ型断面的匝道长度，多数单位按500m掌握。本次修订将原交通量在300~1 200pcu/h之内，考虑超车需求而采用Ⅱ型横断面的匝道长度调整为大于500m，而对于交通量小于100pcu/h，匝道长度不限，均应采用Ⅰ型横断面。

选用匝道横断面类型的分界交通量分别为1 200pcu/h、1 500pcu/h，作为无紧急停车带、有紧急停车带的单向双车道匝道的划分标准，其匝道设计速度为40~50km/h。

因为匝道一条车道的通行能力会随匝道设计速度的高低不同而有所变化，实际应用中，可参照相关通行能力手册和设计细则，根据匝道设计速度对上述划分标准作相应调整。

（4）属主线分岔或合流的双（多）车道匝道，其车道和硬路肩的宽度应与主线的相同。T形交叉中，线形连续的两岔（过境路）上的出入口端部可用Ⅲ型断面，在匝道上取一定长度作过渡，至接近"支路"端部的段落渐变到与"支路"相同的车道和硬路肩的宽度。

（5）国外使用经验表明，双车道环形匝道易发生交通事故，尤其是在半径较小的情况下，因而国外有"环形匝道只用于单车道匝道"的规定。我国土地资源珍贵，环形匝道的半径都较小（小于75m），因此条文中也作了这一规定。环形匝道的设计通行能力为一范围值，即800~1 000pcu/h，设计中可根据环形匝道的半径大小而酌情选用。

11.3.3、11.3.4 匝道的平、纵面线形是互通式立体交叉设计的关键，设计中注意：

（1）表11.3.3-1中不设超高的圆曲线最小半径是针对匝道路拱横坡不大于2%的，当路拱大于2%时则应另行计算。

（2）出口匝道自分流鼻至匝道设计速度控制曲线起点（如B型喇叭的环形匝道圆曲线起点）路段，汽车的运行速度是从分流鼻的通过速度向匝道设计速度变化过渡的，这一段的匝道线形也称之为"线形过渡段"。过渡段驾驶者容易"失误"而产生安全问题，设计时应考虑为之提供一定的缓和行驶余地。因此，规范对分流鼻处的曲率半径和其后的回旋线参数及过渡等作了规定。

《规范》(1994)对分流鼻处的最小曲率半径、回旋线最小参数作了规定。由于当时规定的减速车道长度偏短，部分设计者将回旋线伸进分流鼻内的减速车道范围内，致使分流鼻处的曲率半径偏低甚至不足。《规范》(2006)针对性地增加了减速车道长度，规定并有所增大了分流鼻处匝道平曲线的最小曲率半径。在条文说明中，对出口接低指标曲线（如环形匝道）的情况，提出（不作推荐）可参考欧洲的相关文献，在出口至环形匝道圆弧间，设置一组参数逐一递减的三级复合回旋线，即所谓的"制动曲线"的做法。

《规范》(2006)实施以来，对改善提高高速公路互通式立体交叉匝道出口的线形指标和行车安全性起到了积极的引导作用，部分设计者有时在某些特定出口还采用了"制动曲线"做法，进一步提高了出口匝道行车安全性和舒适性，应在以后设计中条件允许时继续坚持。但是《规范》(2006)取消了分流鼻处回旋线最小参数的规定，部分设计人员不加区分地在分流鼻附近的匝道上取用较大的圆曲线半径或回旋线参数，使得互通式立体交叉的占地有所增加，部分山区高速公路会因此付出工程规模增大和其他代价。近年来，随着全国各地对节省用地、保护耕地认识的不断重视，多省（自治区、直辖市）都对设计单位提出降低互通式立体交叉规模和占地的"瘦身"优化要求。因此，本次规范修订，为了保障互通式立体交叉主线流出口的行车安全，方便设计人员掌握减速车道出口分流鼻附近的匝道平、纵面线形设计，根据线形过渡段上任一点距分流鼻的距离与曲率半径关系包络图，对分流鼻处的匝道设计（通过）速度、平曲线最小曲率半径等做出了规定，如表11.3.3-3。并明确分流鼻处可接回旋线，而且一般互通式立体交叉分流鼻处的最小曲率半径，可将表中的分流鼻处设计速度降低5km/h取用对应的规定值，以节省用地。设计者可根据枢纽或一般互通式立体交叉的不同类型，主线或分流鼻处不同设计速度，特殊条件时可进行必要的组合，参考表11-1选用分流鼻处的匝道平曲线指标与参数。

表11-1 分流鼻处匝道平曲线最小曲率半径与回旋线最小参数参考表

	主线设计速度（km/h）		120	100	80	60
枢纽互通式立体交叉	分流鼻处的设计速度（km/h）		80	70	65	60	55
	最小曲率半径（m）	一般值	450	350	300	250	200
		极限值	400	300	250	200	150
	回旋线最小参数（m）	一般值	160	100	90	80	70
		极限值	140	90	75	70	60
一般互通式立体交叉	分流鼻处的设计速度（km/h）		65	60	55	50	45
	最小曲率半径（m）	一般值	300	250	200	150	125
		极限值	250	200	150	125	100
	回旋线最小参数（m）	一般值	90	80	70	60	50
		极限值	75	70	60	50	40

注：枢纽互通式立体交叉的环形流出匝道可按低一级主线设计速度取值。

分流鼻处匝道的竖曲线最小半径及长度，按照该处的设计（通过）速度，满足表11.3.4-2的规定。

①分流鼻处的最小曲率半径，其一般值是按分流鼻处的设计（通过）速度，取超高2%和横向力系数0.10计算而得，极限值是将分流鼻处的设计速度降低5km/h计算而得。

②分流鼻及以外的匝道回旋线，其回旋线起点一般宜位于分流鼻处及以外匝道上。因设计需要，回旋线伸进分流鼻内的减速车道范围内时，需检验分流鼻处的平曲线曲率半径，应满足本条表中的规定。采用平行式出口时务需注意这一问题，除非通过增长减速车道长度来降低分流鼻处的通过速度。

11.3.5 本次修订沿用了《规范》（2006）中匝道超高值的确定与公路主线相同的做法，即按本规范第7.5节的规定设置匝道超高。设计中应注意以下两点：

（1）匝道上的超高应与匝道上变速过程中的行驶速度相适应。例如，收费站附近和匝道端部的平面交叉附近，其超高应小于按互通式立体交叉的类别和匝道形式而选定的设计速度所对应的超高值；接近分、汇流鼻处，超高就应大一些。

（2）最大超高取6%的非积雪冰冻地区，可采取先按最大超高8%计算或选用不同曲线半径的超高。最终确定超高值时，仅对其中超高大于6%的曲线半径统一采用6%，其他取其对应值。这样，可保证超高小于6%的曲线上行车的舒适性。

11.3.6 本次修订调整了匝道圆曲线上的路面加宽，其原因一是匝道右侧硬路肩的宽度由2.5m增加到3.0m。二是根据《标准》（2014）的基本规定，对设计车辆类型和外廓尺寸作了修改，如表2.1.3所示。主要是其中新增的铰接列车的车身总长和铰接点至最后轴的距离（后轴距）比原来的鞍式列车分别增加了2.1m、2.2m，使得所需加宽值有所增加，尤其是小半径时（$R<50m$）增加较多。这样，在考虑了匝道路面标准宽度增加了0.5m后，在此基础上的匝道加宽值基本上比原来的仍有所增加。

调整后的路面加宽表与现行《公路立体交叉设计细则》（JTG/T D21）一致。但应注意Ⅲ型匝道的加宽值，当按Ⅱ型的加宽值减去Ⅲ、Ⅱ型硬路肩差值为零或负数时，即该半径匝道不需加宽。如当Ⅲ型硬路肩宽度为3.0m时，圆曲线半径$R>31m$时可不加宽；当硬路肩宽度为2.50m时（非标准宽度），圆曲线半径$R>39m$时可不加宽。

11.3.7 匝道出入口端部设计是匝道设计的主要内容之一，其注意事项如下：

1 关于右方出入及分流鼻处主线和匝道铺面的偏置加宽

匝道在主线上的出、入口一般应位于主线行车道的右侧。当出、入口属主线分岔和合流时，则应视情况而定。由于匝道从左方出、入主线有其缺点，因而左出或左进的直连式匝道实际上很少采用。

至于分流鼻两侧的偏置加宽，应注意主线一侧的C_1是指外侧行车道边缘线以外包括硬路肩宽度的路面加宽值，而匝道一侧的C_2则是左侧硬路肩以外的路面加宽值。

路面偏置加宽的其他类型、渐变率、细部构造等规定，以及分流鼻端在路基或桥梁等构造物上的处理方式，可参考相关设计细则。

2　关于出入口形式

出入口（或变速车道）的形式分为直接式或平行式两种。直接式出入口有出入路线顺畅，驾驶操作单一、方便的优点。平行式出入口的渐变段有一线形转折，主线上车道数增、减变化明显，容易辨别，尤其对出口识别有利。但其行驶时经历一段反向曲线，因而驾驶操作有些别扭。由于两者各有利弊，各国对出入口形式有各自的偏好和习惯，对此并无统一的规定。德国和日本规定，单车道入口为平行式，其余为直接式。但德国新近规定，出入口均为平行式。英国和其他一些欧洲国家，则规定出入口均为直接式。澳大利亚的公路多采用出口平行式、入口直接式。我国的城市快速干道上多采用出入口均为平行式。总之，采用平行式出口有增多的趋势。

我国公路从《规范》（1994）开始，出入口的形式参照日本的规定，即单车道出口采用直接式、入口采用平行式，双车道出入口均采用直接式。通过近二十年的实践应用未发现什么问题，基本形成我国的习惯做法，故本次修订仍维持原来的原则性规定。但需注意，受条件限制或因特别需求，采用平行式出入口也是容许的。

出口接小半径（如 $R<45\mathrm{m}$）环形匝道时，如采用直接式，曲率半径变化可能过大、过急；若采用"制动曲线"做法，往往地形等条件不允许。因此宜采用平行式出口，在分流鼻前后采用小偏角S形曲线，使匝道与主线既分离又靠近，争得小半径曲线之前有足够长的较高指标的"线形过渡段"。另外，有些苜蓿叶混合式立体交叉中的环形出口匝道，也可通过设置辅助车道而采用平行式出口。

加速车道在单车道情况下推荐采用平行式，但不排除直接式，按入口角（渐变率）控制入口长度。

11.3.8　变速车道设计应注意如下事项：

1　关于变速车道的长度

针对我国早期高速公路建设执行《规范》（1994）中的规定，变速车道长度偏短的问题，《规范》（2006）修订时，在明确需满足与主线设计速度相应的出口和入口角度（即渐变率）的要求，需满足分、汇流鼻处主线与匝道路面偏置加宽值要求的条件下，同时需满足按汽车加、减速运动力学计算所需的变速车道长度。据此，适当增长了变速车道长度，并给出了"变速车道长度及有关参数"表。

本次修订基本维持该表的变速车道长度和相关参数，其原因是近年的使用中，业内对变速车道长度的规定基本不再有异议。仅将原表中的分、汇流鼻端半径 r 一列删除，设计中可均按常规采用 $r \geq 0.6\mathrm{m}$ 即可。

设计中应注意，尽管变速车道比以前增长了，但仍应使邻接变速车道的匝道部分具有较高的线形指标。匝道上没有良好的线形和足够长的过渡情况下，就不应采用过低的匝道设计速度，因为仅靠增大变速车道的长度来满足变速从容的要求未必奏效，而且往往是不经济的。

现规定的不同主线设计速度的变速车道的长度，从数值上看似乎与速差不相对应。这是考虑到实际行驶速度的需要。高速公路的一般路段上，设计速度越低时，行驶速度越接近甚至超过设计速度。互通式立体交叉范围内主线的线形指标往往高于一般路段，更有超速的可能。因此设计速度较低时，变速车道长度似乎"长"了一些，这是考虑到分、汇流点的速度往往高于设计（通过）速度。

2 关于变速车道的线形

变速车道的线形中，强调了在一般情况下直接式变速车道的线形与主线线形相同的原则规定，并以图示说明两者的几何关系。其目的在于避免以往设计中常存在的在同一条路（主线设计速度相同）上因变速车道的线形随意而出现不应有的渐变段和变速车道长度不同的不规范做法。

条文中规定，主线为左弯曲线，且半径较小，或在其他特殊情况下，直接式变速车道邻接匝道部分的段落，其线形可与主线的有所差别。为保证不致因此而缩短变速车道的长度，可采取增大分、汇流鼻端的圆弧半径或增加其两侧的铺面偏置宽度，或略变动渐变率等措施。

平行式变速车道中，邻接匝道部分的线形较灵活，但曲率及其过渡应适应速度的需要。作为减速车道时，对分流鼻处的线形已作了规定。但应注意曲率半径、路拱横坡（或超高）应符合规定。

需要注意和说明的是，渐变段宽度达到"一个车道宽"的断面称为分（汇）流点；变速车道和主线两者的铺面分岔点称为分（汇）流鼻。

11.4 基本车道数和车道数的平衡

11.4.1 条文中仅对高速公路规定了保持基本车道数的要求。按《标准》（2014）的规定，承担干线功能的一级公路，应严格限制平面交叉数量，严格控制出入。因此，干线一级公路也不应在较短的路段内轻易改变车道数。

11.4.4 双车道匝道出入口设置辅助车道的长度，《规范》（2006）中出口匝道的辅助车道长度偏短。使用过程中，中东部地区已有多地有这方面的反映。根据美国《公路与城市道路几何设计》和日本的相关设计原则，分流区段由于确认出口、心理准备、变换车道等关系，需要较长的辅助车道。因此，美国规定双车道出入口需设置辅助车道时，出口匝道的辅助车道长度，从渐变段起点至流出端部的总长度为2 500~3 500英尺，即726~1 066.8m；入口匝道的辅助车道最小长度为2 500英尺。日本规定，辅助车道的长度，在分流部分理想的标准值为1 000m，最小值为600m，合流部分最小值600m，即分流部分的辅助车道长度不小于合流部分的长度。本次修订，在保持原有规范使用连续性的基础上，出口匝道辅助车道的长度给出了一个范围，最小值保留原规范的数值，一般值则是按流出部分的变速车道与辅助车道长度之和，不小于合流部分的两者之和的原则计算而得。使用时，交通量大的互通式立体交叉，应不小于一般值，只有

11.5 主线的分岔、合流和匝道间的分流、汇流

11.5.1 条文中对主线分岔和合流的适用场合作了规定，并附图示以免设计者将此与高速公路上双车道高速匝道出入口相混淆。

11.5.3 多数情况下，主线分岔部和合流部均存在车道数的变化，即存在一个渐变过渡段。条文对渐变段的渐变率、路幅过渡方式及其双幅路段的线形过渡作了规定。

11.5.4 匝道间的分流、汇流规定，规范区分了两种情况：一是分、汇流前后匝道车道数平衡时，可采用直接式，渐变段最小长度规定在《规范》（2006）中原表的基础上，仅对匝道分、汇流速度40km/h一档的长度各增加了10m；二是匝道车道数不平衡时，应增设一段辅助车道。

11.5.5 对相邻出入口的最小间距规定，《规范》（2006）参考了美国城市高速公路的规定，并按不同的主线设计速度分列。考虑到美国的规定较低，本次修订对主线上的出口或入口间距（L_1）的最小间距适当提高增大，对匝道上的相邻出入口最小间距（L_2）也略有调整，并取消了"支线"一栏。设计时应尽量满足"一般值"；条件受限时，可小于"一般值"，甚至采用"最小值"。

设计中应注意，主线双车道出口至匝道上分流口间的距离以取大一点为宜，以避免超车和交织两种变换车道的矛盾而引起车流紊乱甚至事故。

11.6 互通式立体交叉中匝道与被交公路间的平面交叉

11.6.1 互通式立体交叉中的平面交叉主要系指匝道或连接线与被交路连接之处的平面交叉，常出现在菱形、部分苜蓿叶形及单喇叭形等互通式立体交叉中。需要强调的是，相对于互通式立体交叉其他部位的设计，该部位的合理布置往往未受到大多数设计人员的足够重视。这一点可从部分设计文件或已竣工通车的立体交叉中得到证实。因此，该平面交叉应作严格的、详细的渠化设计。具体设计中的有关细部处理，应遵照本规范第10章及相关设计细则中的有关规定与要求。

12 公路与铁路、乡村道路、管线交叉

12.1 一般规定

12.1.1 公路与铁路交叉设计适用于公路同铁路网中 1 435mm 标准轨距的铁路相交叉的设计。部分地区存在窄轨铁路，部分口岸附近存在混合轨距铁路，设计时可以参照本规范执行。

12.1.2 关于公路与铁路交叉，本次修订参阅了《高速铁路设计规范》（TB 10621—2014）、《铁路线路设计规范》（GB 50090—2006）、《标准轨距铁路建筑限界》（GB 146.2）、《铁路技术管理规程（高速铁路部分)》、《铁路技术管理规程（普通铁路部分)》等的相关内容。随着我国社会经济的发展，原则上等级公路与铁路交叉时，均应考虑设置立体交叉。

12.1.4 乡村道路是指位于乡村、农场范围内供各种农业机械及耕作人员等通行的道路。

12.1.5 关于管线交叉，根据国家标准《66kV 及以下架空电力线路设计规范》（GB 50061—2010）、《110～750kV 架空输电线路设计规范》（GB 50454—2010）、《1 000kV 架空输电线路设计规范》（GB 50665—2011）、《±800kV 直流架空输电线路设计规范》（GB 50790—2013）、《油气输送管道穿越工程设计规范》（GB 50423—2013）等规定，本次修订对原规定值进行了核对，并补充了相关内容。

12.2 公路与铁路立体交叉

12.2.1 根据公路、铁路近年来建设发展现状，特别是对交通安全的关注，以及建设水平、建设条件等，公路、铁路相交时，应首先考虑采用立体交叉。

12.2.2～12.2.4 明确规定了公路、铁路相交时设置立体交叉的条件，其目的是保障双方的行车安全。

12.2.5 从对公路的影响角度，公路与铁路立体交叉范围内存在的主要问题首先是

平、纵面线形和视距问题。交叉范围内公路平、纵线形应符合公路主线的一般性要求，不得局部降低技术指标，且其视距必须满足停车视距的要求。其次，较小的交叉角度必然会引起交叉范围和影响路段的工程建设难度增大和建设规模的增加。本次修订依据《标准》（2014）的规定，在充分调研既有工程建设情况及影响的基础上，取消了对交叉角度的具体要求，但强调：公路、铁路在交叉范围内路线以直线为宜，交角也宜尽量正交。条件受限必须斜交时，应尽量采用较大的交叉角度。另外，在《铁路线路设计规范》（GB 50090—2006）中只规定了交叉条件以及建筑限界等方面的要求，并未对交叉角度做出具体要求。

12.2.6 对不同铁路的建筑限界要求，可按照现行《标准轨距铁路建筑限界》（GB 146.2）的规定，结合部分铁路有将来运输双层集装箱的规划，公路跨线桥施工期间电气化铁路安全运行等情况，与铁路管理部门协商确定建筑限界。

本次修订强调所有跨越铁路的跨线桥都应设置防撞护栏和防落物网，以策运营安全。

12.3 公路与铁路平面交叉

12.3.1 公路与铁路平面相交，交叉角应尽量正交，这是考虑到尽量缩短道路口的长度，使车辆与行人减少横穿铁路道口的距离和时间。另外，交叉角过小，可能产生轨枕间缝卡住车辆轮胎等危及安全的情况，同时过小的交角也存在交通事故隐患。但铁路相关设计规范规定公铁平面交叉宜设计为正交，必须斜交时其交叉角度应大于45°。本次修订规定公路与铁路平面交叉的斜交角度应大于45°，与铁路规范相关规定保持一致。具体项目设计中应充分注意这一问题的重要性，尽量避免采用较小的交叉角度，并设置相应交通安全设施。

12.3.5 相对于相交公路的路基宽度，道口铺砌宽度和公路行道宽度不得缩减。主要是考虑到缩减断面宽度，对于汽车与其他机动车、非机动车和行人通过道口的安全不利。即在对向同时有汽车，或道口上有性能差的机动车、非机动车占道时，应保证双向交通正常安全运行。对于公路交通量大的设置看守道口，道口处的公路断面应适当增宽。

12.4 公路与乡村道路交叉

12.4.2 各级公路与乡村道路交叉时，确定交叉方式的原则为：高速公路与乡村道路交叉必须采用通道或天桥。一级公路与乡村道路交叉时，应根据一级公路的功能与使用任务、性质确定。一级公路作为干线公路时，应按采取控制出入的设计原则设计，原则上应设置通道或天桥，也可利用辅道合并交叉数量，其目的是控制平面交叉的数量和间距，尽量减少横向干扰，增强行车安全和提高道路通行能力。一级公路作为集散公路时，同交通繁忙的乡村道路交叉时，可采用通道或天桥；当符合设置平面交叉的条件而采用平面交叉时，必须设置齐备的交通安全设施。

二级、三级、四级公路与乡村道路交叉时，一般采用平面交叉；当地形条件有利时，也可采用通道或天桥。对于新建的承担干线功能的二级公路，应创造有利条件，尽量减少平交数量。

12.4.4 通道设计应注意以下事项：

1 通道的间隔以400m左右为宜是指全部车行过路构造物，其中包括通道和天桥。

2 根据全国征求意见情况，通道的交叉角度要求进行了适当降低，将交叉锐角由原规范的70°降低为60°，受地形条件限制时或其他特殊情况限制时由原规范的60°降低为45°，目的是降低设计难度，使执行起来更加灵活。但具备大角度交叉条件、改线工程量增加不大的条件下，应尽量采用大角度交叉。

5 公路与乡村道路交叉的路基横断面，尤其是净空的选用，是一件事关群众生产、生活需要的敏感事情。规范提出的净宽是个推荐值，净高是个低限值。实际设计时，应根据地形、路线纵面等情况尽量争取较高的净高标准，避免为追求降低造价而普遍采用低限值的做法，并且注意使各类净空标准的交叉间距在路线纵向合理分布。

机耕通道规定净宽应不小于4.00m实际上是一个低限值。考虑到高速公路、一级公路的路基宽度较宽，通道长度较长，特别是四车道以上的多车道公路和高填方路段的通道长度更长，因此有条件时应增加净宽以改善通道内行车安全和采光、通风条件，更为今后道路发展提高留有余地。但是在路基宽度较窄的分离式路基上、人烟稀少的山区和荒漠地区等，也可选用4.0m净宽。

关于通道的净高，规定通行农用汽车，或拖拉机、畜力车时，其净高分别不小于3.2m、2.7m也是一个低限值。近年来各地在实践中，已有部分地区根据当地条件和使用要求，对通道净高作了不同程度的提高，如汽车通道3.50m，机耕通道3.0m等。因此，确定净高标准时，对各类通道的净高可根据当地的交通组成特征、农业及其他机械的特殊要求等，拟定合理可行的净高值。

随着我国农业现代化和城市化进程的加快，联合收割机使用已比较普遍。全国各地农业结构不同，所采用的收割机的种类有本质上的差异。调研发现，国家目前没有联合收割机的外廓尺寸统一标准，同一种类的联合收割机，不同厂家的产品外廓尺寸差异也较大。因此，设计中应根据各地的农业结构和常用的主要机型，通过调查论证后确定通行联合收割机的通道净高。

对于进入路侧村庄的唯一通道，设计中应充分考虑消防、救灾等需求，通道净高应满足当地主要消防车辆或其他救灾车辆的净高要求。

对处于有抢险救灾需求的重要河流桥头引道上的通道，应与水利主管部门协商确定通道的净空。

12.5 公路与管线交叉

12.5.1 公路与架空输电线路相交叉，电力规范标准并未提出最小交角要求。《标准》（2014）中第9.5.2条规定交角应大于45°。考虑工程难度和安全运行，并与《标准》（2014）相一致，本次修订提出以垂直交叉为宜，必须斜交时，其交叉的锐角应大于45°。

12.5.2 架空输电线路导线距路面的最小垂直距离，本次修订重新同相关行业规范作了核对。核对的相关行业规范是：《66kV及以下架空电力线路设计规范》（GB 50061—2010）、《110～750kV架空输电线路设计规范》（GB 50545—2010）、《1 000kV架空输电线路设计规范》（GB 50665—2011）、《±800kV直流架空输电线路设计规范》（GB 50790—2013）。增加了750kV、1 000kV和±800kV直流架空输电线路的净高要求。

12.5.4 根据相关国家标准，增加了架空输电线路与公路交叉或平行时杆（塔）内缘距离公路边沟的水平距离要求。

12.5.5 关于油气输送管道与公路交叉，参考《油气输送管道穿越工程设计规范》（GB 50423—2013）的有关规定进行了修订。将原规范中的斜交锐角不应小于70°、受地形条件或其他特殊情况限制时应不小于60°，相应调整为交叉锐角不宜小于30°，与国标要求一致，也符合当前公路建设及管道施工工艺与技术的发展情况。在执行时应尽量争取大角度交叉，降低工程难度，减少工程数量。

12.5.6 鉴于高速公路、一级公路对国民经济发展的重要性及其交通量大、不允许中断交通等特性，同时考虑到油气输送管道的检查、养护与维修工作能正常进行，并不致影响公路运营与安全，因此《规范》（2006）中规定：油气输送管道以及供水、污水、化工等管线与高速公路、一级公路相交，应采用穿越方式，埋置地下专用通道，并在其两侧设置检查井和标识性标志；石油、天然气输送管道下穿二级、三级、四级公路时，应对管线采取设置保护套管等措施。另外，通信、监控、电力电缆等下穿各级公路时，亦应设置保护套管，并采取防渗漏、隔温、防损等保护措施。

本次修订在源引《标准》（2014）对应修订成果的基础上，综合考虑当前管道施工工艺和技术的发展（主要是顶管法施工工艺），无论是管道施工期间，还是后期检查与维护，均无需开挖公路路基、对公路正常通行影响小等情况，明确要求管道与高速公路、一级公路交叉时可采用专用通道（涵）或套管等方式。

上跨公路的各种管线，均应采取安全保护措施。如对水管应进行防腐、防漏等处理，对油气管道应采取防火、防爆措施和避免汽车撞击、行人接触的防护、隔离措施等，并使得管线检修、养护时，不得影响公路交通的正常运行与安全。

12.5.8、12.5.9 从公路运营安全考虑，明确要求严禁高压输电路和输送有毒有害、易燃易爆物质的管道利用公路桥梁跨越河流。明确要求严禁高压输电路和输送有毒有害、易燃易爆物质的管道通过公路隧道。

输送有毒有害、易燃易爆物质的管道穿（跨）越河流时，管道距特大桥、大桥、中桥的距离不应小于100m，距小桥的距离不应小于50m。

12.5.10 条文中所要求的各种管线均不得侵入公路建筑限界，这是公路正常行车所不可缺少的条件。不得妨碍公路交通安全包括但不限于以下情况：如高压输电线路，虽然未侵入公路限界，但若跨越公路的高度不够，则会妨碍公路的交通安全；水渠、水管虽不在公路限界之内，但经常漏水，也会损害公路路基稳定或引起边坡失稳。不得对公路及其设施形成潜在威胁包括但不限于以下情况：各种管线的设施，如水池、油气管线的加压站房等，对公路可能构成安全威胁，故不得建在公路用地范围内或附近。输送易燃易爆、有毒等物质的管线出现泄漏，会对公路上人和车产生安全威胁。

13 公路沿线设施

13.1 一般规定

13.1.1~13.1.3 本规范的沿线设施是指公路的主线收费站、匝道（或连接线）收费站等收费设施，服务区、停车区、客运汽车停靠站等服务设施及U形转弯等其他设施。涉及内容为一般规定和几何设计要求，各设施专业方面的设计应符合相关设计规范的规定。服务及其他设施与互通式立体交叉、隧道等分布应全线总体布局，各设施的相邻间距应满足本规范第11.1.6条的要求。

13.2 收费站

13.2.1 主线收费站广场最大纵坡2%的范围，对于设计速度不小于100km/h的高速公路、一级公路需满足广场中心线前后最小各100m的规定。当主线设计速度不大于80km/h时，可根据公路功能、设计速度、交通量等适当降低，但最低需满足广场中心线前后最小各50m，即大于表13.2.2-1中铺筑混凝土路面的最小长度。

收费站广场的横坡宜采用1.5%，降雨量大的地区或车道数较多时，考虑排水需要最大可取2%。处于平曲线上的收费广场范围内，存在超高旋转过渡时，应注意任一横断面的合成坡度不得小于0.5%。

13.2.2 收费站广场的设计应注意以下事项：

（1）从视觉和排水角度考虑，收费站广场应避免设置在凹形竖曲线的底部。当设置在凸型竖曲线上时，宜设置在顶部附近。

（2）表13.2.2-1中的L_0为收费站铺筑水泥混凝土路面的最小长度。实际设计规划时，长度L_0应按每侧最长的收费岛岛头（尾）外加大于10m的直线段安全距离确定。L_0的长度同时应符合人工或ETC等不同收费方式、单式或复式（一杆多亭）收费布置等情况对收费岛长度的相应规定与要求。

L_0长度一般按收费站中心线前后等长度对称布置，也可根据特殊需要采用非对称布置。L_0长度内宜按直线设计布置收费岛、混凝土路面等。

（3）收费广场收敛渐变率（L/S），在征求意见中，多数省份都建议尽量放缓，认为原来$L/S \geq 3$的渐变率指标过渡太急促，尤其是对主线收费站。但西南部分省则建议，受地形限制，匝道收费站的渐变率应保留原来的最小规定。因此，本次修订对渐变率提出了一个范围，且下限有所提高，但匝道收费站仍保留特殊条件下极限值为3的规定。

（4）收费站广场中心线至被交道路平交点的距离不满足150m时，必要时应在被交道路上、收费站前匝道上增设停留等待车道。

邻近被交道路一侧的收费广场，根据需要，可考虑计重收费和劝返车道的布置。

13.3 服务区、停车区

13.3.1 服务区之间的标准间距宜为50km，一般宜控制在40～60km，最大不超过100km。服务区间距大于60km时，中间应考虑设置带有加油站的停车区。

13.3.2 服务区范围内的主线线形指标同互通式立交范围内的主线线形指标表11.1.9一致，目的是保障匝道出入口的视距要求和行车安全性。

停车区范围内的主线线形指标规定表13.3.2与互通式立体交叉范围内的主线线形指标表11.1.9中最小竖曲线半径的要求完全一致，也是强调了匝道出入口的视距不能降低。最小圆曲线半径和最大纵坡（80～120km/h）有所降低，是考虑到山区的地形条件有时非常艰巨，停车区的布设场地十分难得，适当放宽主线的平纵指标要求，既是优先保障功能要求和适应地形场地条件的需要，也是公路设计、管理等单位在实践中的意见和建议。但是，最大纵坡的增大对行车安全是不利的，最大值应当慎用。只有在地形受限、条件特殊的情况下，对安全给予充分考虑之后方能采用。当条件允许时，尽量参照互通式立体交叉的规定，采用较高的平纵指标。

应注意表13.3.2中，最小圆曲线半径在设计速度60km/h一栏的极限值，将互通区的指标350m提高到400m，这是考虑到服务区、停车区需要一定的长度宽度范围布设停车广场和其他设施，主线平面曲线指标太低不利于场地布置。因此，服务区设计布置时也应注意这一区别，平面指标应不低于停车区的要求。

13.3.3 服务区、停车区总体布置设计应注意以下事项：

（1）服务区、停车区匝道的设计速度一般采用40km/h，地形艰巨或条件受限时，可以根据主线设计速度和受限条件适当降低，当主线设计速度不大于100km/h，可采用35km/h，甚至30km/h。

（2）匝道的最小长度表13.3.3中，减速车道一侧L_1的极限值，是以分流鼻处的设计速度，按$2.0m/s^2$的制动加速度至车辆完全停止，并考虑一定安全距离所计算的长度；加速车道一侧L_2的极限值为匝道与主线汇流鼻前通视三角区的最小长度。

（3）服务区、停车区匝道的横断面采用互通式立交单向单车道匝道的标准宽度。匝道的线形、变速车道、连接部等设计应符合本规范第11章互通式立体交叉中相关的规定。流出匝道分流鼻处的平曲线、竖曲线指标也应符合互通式立交的相关要求。

（4）贯穿车道一般与出入匝道相接且与停车场连为一体，为避免在贯穿车道上随意停车，原则上采用路面宽4.5m的单向单车道。

贯穿车道纵面设计，应综合考虑停车场高程、停车场横（纵）坡设置、与出入匝道纵面衔接、场地排水及工程规模等因素。

13.3.4 根据《标准》（2014）中干线二级公路宜设置服务区、停车区的规定，以及本《规范》（送审稿）审查会上专家意见，增加二级公路服务区、停车区的相关设计规定，设计中应注意以下事项：

（1）二级公路的服务区、停车区，可以采用同高速公路、一级公路相同的设置匝道和变速车道的典型形式，其匝道设计速度可选低限值，匝道右侧硬路肩宽度可取1.50m。

（2）当主线和服务设施交通量较小，场地条件受限时，二级公路的服务区、停车区可选择简易形式，其布置应符合二级公路客运汽车停靠站的相应规定。

（3）停车场的最小长度应能满足一定的停车需求和相关设施布置。

13.4 客运汽车停靠站

13.4.1 高速公路主线侧不应设置客运汽车停靠站，主要考虑人员进入封闭的高速公路系统存在安全问题。征求意见反馈，各地高速公路主管和运营单位普遍提出高速公路主线上不得设置客运汽车停靠站。当需要设置时，客运汽车停靠站宜设置在主线以外的互通式立体交叉匝道上（收费站内或外侧）、服务区（停车区）场区内，且就近对应需设置有换乘站，或者有连接换乘站或地方道路的人行联络步道。

客运汽车停靠站按设置位置分为主线客运汽车停靠站和主线外的匝道（或连接线）、辅道或服务区内的客运汽车停靠站两大类型。本次修订仅规定了公路主线客运汽车停靠站的相关要求，主线外或其他道路的客运汽车停靠站需参考相应规范。

13.4.2 客运汽车停靠站范围内的主线平曲线、竖曲线指标规定，最小圆曲线半径在主线规定的一般值上增加100m或50m；最小竖曲线半径除设计速度不大于40km/h一栏外，与主线规定的一般值完全相同，设计速度不大于40km/h时，比该一般值增加300m，如表13.4.2所示，以便使客运汽车停靠站具有良好的通视条件，顺适的平、纵线形过渡。

考虑到客运汽车的停车、起步特点，以及停靠区乘客、行人的安全，客运汽车停靠站范围内主线的纵坡不大于2%，地形特别困难时小于3%。

13.4.3 一级公路客运汽车停靠站，考虑到主线为供汽车分方向、分车道行驶的四车道以上公路，汽车运行速度较高。为不影响主线的道路功能，保障主线和客运汽车停靠站的车辆、行人安全，要求其停靠区与主线右侧硬路肩之间必须用侧分隔带或护栏物理隔离，并且在主线行车道之外设置有足够长的加、减速车道和停留车道。

13.4.4 二级及二级以下公路客运汽车停靠站，因为公路主线基本上为双车道公路，停靠站经常受公路两侧用地限制，有时上下乘客并不太频繁。因此，要求客运汽车停靠站的停靠区不得占用主线行车道，停靠区与主线行车道之间用路面标线区分，并且根据出入车道边缘线的渐变率要求，设置满足规定长度的加、减速区段和停留车道。停留车道长度规定为15m，当上下乘客较为繁忙时，可采用20m。

13.5 高速公路上的 U 形转弯设施

13.5.2 高速公路上相邻互通式立体交叉间距大于最大设置间距时，应在其间的适当位置设置立体的 U 形转弯设施，一般应按双向设置。

13.5.3 U 形转弯设施应根据地形、主线上的构造物分布等条件，充分利用主线桥梁或通道的净空进行布设，与主线可选择下穿或上跨的交叉方式。

13.5.4 U 形转弯设施匝道掉头路段的设计速度应根据地形和场地条件及运行速度过渡的协调性确定，最小不宜低于 20km/h。上跨主线时应选择较大的平曲线半径和更高的设计速度。

现行公路工程行业标准一览表

(2024年8月)

序号	板块	模块	现行编号	名称	定价(元)
1	总体		JTG 1001—2017	公路工程标准体系(14300)	20.00
2	总体		JTG 1002—2022	公路工程行业标准制修订管理导则(18218)	40.00
3	总体		JTG 1003—2023	公路工程行业标准编写导则(18257)	40.00
4	通用	基础	JTG B01—2014	公路工程技术标准(活页夹版,11814)	98.00
				公路工程技术标准(平装版,11829)	68.00
5	通用	基础	JTG 2111—2019	小交通量农村公路工程技术标准(15372)	50.00
6	通用	基础	JTG 2112—2021	城镇化地区公路工程技术标准(17752)	50.00
7	通用	基础	JTG 2120—2020	公路工程结构可靠性设计统一标准(16532)	50.00
8	通用	基础	建标[2011]124号	公路工程项目建设用地指标(09402)	36.00
9	通用	基础	JTG F80/1—2017	公路工程质量检验评定标准 第一册 土建工程(14472)	90.00
10	通用	基础	JTG 2182—2020	公路工程质量检验评定标准 第二册 机电工程(16987)	60.00
11	通用	安全	JTG B05—2015	公路项目安全性评价规范(12806)	45.00
12	通用	安全	JTG B05-01—2013	公路护栏安全性能评价标准(10992)	30.00
13	通用	安全	JTG/T 2213—2023	公路大件运输安全通行评价技术规范(18523)	60.00
14	通用	安全	JTG B02—2013	公路工程抗震规范(11120)	45.00
15	通用	安全	JTG/T 2231-01—2020	公路桥梁抗震设计规范(16483)	80.00
16	通用	安全	JTG/T 2231-02—2021	公路桥梁抗震性能评价细则(16433)	40.00
17	通用	安全	JTG 2232—2019	公路隧道抗震设计规范(16131)	60.00
18	通用	安全	JTG F90—2015	公路工程施工安全技术规范(12138)	68.00
19	通用	绿色	JTG B03—2006	公路建设项目环境影响评价规范(13373)	40.00
20	通用	绿色	JTG B04—2010	公路环境保护设计规范(08473)	28.00
21	通用	绿色	JTG/T 2321—2021	公路工程利用建筑垃圾技术规范(17536)	40.00
22	通用	绿色	JTG/T 2340—2020	公路工程节能规范(16115)	30.00
23	通用	智慧	JTG/T 2420—2021	公路工程信息模型应用统一标准(17181)	50.00
24	通用	智慧	JTG/T 2421—2021	公路工程设计信息模型应用标准(17179)	80.00
25	通用	智慧	JTG/T 2422—2021	公路工程施工信息模型应用标准(17180)	70.00
26	通用	智慧	JTG/T 2430—2023	公路工程设施支持自动驾驶技术指南(19031)	40.00
27	建设	勘测	JTG C10—2007	公路勘测规范(06570)	40.00
28	建设	勘测	JTG/T C10—2007	公路勘测细则(06572)	42.00
29	建设	勘测	JTG C20—2011	公路工程地质勘察规范(09507)	65.00
30	建设	勘测	JTG/T C21-01—2005	公路工程地质遥感勘察规范(0839)	17.00
31	建设	勘测	JTG/T C21-02—2014	公路工程卫星图像测绘技术规程(11540)	25.00
32	建设	勘测	JTG/T 3221-04—2022	公路跨海通道工程地质勘察规程(18076)	70.00
33	建设	勘测	JTG/T 3222—2020	公路工程物探规程(16831)	60.00
34	建设	勘测	JTG 3223—2021	公路工程地质原位测试规程(17325)	100.00
35	建设	勘测	JTG C30—2015	公路工程水文勘测设计规范(12063)	70.00
36	建设	设计	JTG/T 3310—2019	公路工程混凝土结构耐久性设计规范(15635)	50.00
37	建设	设计	JTG/T 3311—2021	小交通量农村公路工程设计规范(17487)	60.00
38	建设	设计	JTG D20—2017	公路路线设计规范(14301)	80.00
39	建设	设计	JTG/T D21—2014	公路立体交叉设计细则(11761)	60.00
40	建设	设计	JTG D30—2015	公路路基设计规范(12147)	98.00
41	建设	设计	JTG D31—2008	沙漠地区公路设计与施工指南(1206)	32.00
42	建设	设计	JTG/T D31-02—2013	公路软土地基路堤设计与施工技术细则(10449)	40.00
43	建设	设计	JTG/T 3331-03—2024	采空区公路设计与施工技术规范(4722)	50.00
44	建设	设计	JTG/T 3331-04—2023	多年冻土地区公路设计与施工技术规范(18518)	80.00
45	建设	设计	JTG/T D31-05—2017	黄土地区公路路基设计与施工技术规范(13994)	50.00
46	建设	设计	JTG/T D31-06—2017	季节性冻土地区公路设计与施工技术规范(13981)	45.00
47	建设	设计	JTG/T 3331-07—2024	公路膨胀土路基设计与施工技术规范(4709)	60.00
48	建设	设计	JTG/T 3331-08—2022	盐渍土地区公路路基设计与施工技术细则(18515)	60.00
49	建设	设计	JTG/T D32—2012	公路土工合成材料应用技术规范(09908)	50.00
50	建设	设计	JTG/T D33—2012	公路排水设计规范(10337)	40.00
51	建设	设计	JTG/T 3334—2018	公路滑坡防治设计规范(15178)	55.00
52	建设	设计	JTG D40—2011	公路水泥混凝土路面设计规范(09463)	40.00
53	建设	设计	JTG D50—2017	公路沥青路面设计规范(13760)	50.00
54	建设	设计	JTG/T 3350-03—2020	排水沥青路面设计与施工技术规范(16651)	50.00
55	建设	设计	JTG/T 3351—2024	农村公路简易铺装路面设计施工技术细则(4767)	50.00
56	建设	设计	JTG D60—2015	公路桥涵设计通用规范(12506)	40.00
57	建设	设计	JTG/T 3360-01—2018	公路桥梁抗风设计规范(15231)	75.00
58	建设	设计	JTG/T 3360-02—2020	公路桥梁抗撞设计规范(16435)	40.00
59	建设	设计	JTG/T 3360-03—2018	公路桥梁景观设计规范(14540)	40.00
60	建设	设计	JTG D61—2005	公路圬工桥涵设计规范(13355)	30.00
61	建设	设计	JTG 3362—2018	公路钢筋混凝土及预应力混凝土桥涵设计规范(14951)	90.00
62	建设	设计	JTG 3363—2019	公路桥涵地基与基础设计规范(16223)	90.00
63	建设	设计	JTG D64—2015	公路钢结构桥梁设计规范(12507)	80.00
64	建设	设计	JTG/T D64-01—2015	公路钢混组合桥梁设计与施工规范(12682)	45.00
65	建设	设计	JTG/T 3364-02—2019	公路钢桥面铺装设计与施工技术规范(15637)	50.00
66	建设	设计	JTG/T 3365-01—2020	公路斜拉桥设计规范(16365)	50.00
67	建设	设计	JTG/T 3365-02—2020	公路涵洞设计规范(16583)	50.00
68	建设	设计	JTG/T D65-05—2015	公路悬索桥设计规范(12674)	55.00
序号	板块	模块	现行编号	名称	定价(元)
69	建设	设计	JTG/T D65-06—2015	公路钢管混凝土拱桥设计规范(12514)	40.00
70	建设	设计	JTG/T 3365-05—2022	公路装配式混凝土桥梁设计规范(17885)	60.00
71	建设	设计	JTG 3370.1—2018	公路隧道设计规范 第一册 土建工程(14639)	110.00
72	建设	设计	JTG D70/2—2014	公路隧道设计规范 第二册 交通工程与附属设施(11543)	50.00
73	建设	设计	JTG/T D70—2010	公路隧道设计细则(08478)	66.00

序号	板块	模块	现行编号	名称	定价(元)
74	建设	设计	JTG/T D70/2-01—2014	公路隧道照明设计细则(11541)	35.00
75			JTG/T D70/2-02—2014	公路隧道通风设计细则(11546)	70.00
76			JTG/T 3371—2022	公路水下隧道设计规范(17889)	120.00
77			JTG/T 3371-01—2022	公路沉管隧道设计规范(18063)	70.00
78			JTG/T 3372—2024	公路黄土隧道设计与施工技术规范(4821)	70.00
79			JTG/T 3373—2024	公路岩溶隧道设计与施工技术规范(4831)	75.00
80			JTG/T 3374—2020	公路瓦斯隧道设计与施工技术规范(16141)	60.00
81			JTG D80—2006	高速公路交通工程及沿线设施设计通用规范(0998)	25.00
82			JTG D81—2017	公路交通安全设施设计规范(14395)	60.00
83			JTG/T D81—2017	公路交通安全设施设计细则(14396)	90.00
84			JTG/T 3381-02—2020	公路限速标志设计规范(16696)	40.00
85			JTG/T 3381-03—2024	小交通量农村公路交通安全设施设计细则(4780)	70.00
86			JTG D82—2009	公路交通标志和标线设置规范(07947)	116.00
87			JTG/T 3383-01—2020	公路通信及电力管道设计规范(16686)	40.00
88			JTG/T L11—2014	高速公路改扩建设计细则(11998)	45.00
89			JTG/T L80—2014	高速公路改扩建交通工程与沿线设施设计细则(11999)	30.00
90			JTG/T 3392—2022	高速公路改扩建交通组织设计规范(17883)	50.00
91		通用图	JTG/T 3911—2021	装配化工字组合梁钢桥通用图(17771)	3000.00
92			JTG/T 3912—2022	装配化箱形组合梁钢桥通用图(18348)	3000.00
93		试验	JTG E20—2011	公路工程沥青及沥青混合料试验规程(09468)	106.00
94			JTG 3420—2020	公路工程水泥及水泥混凝土试验规程(16989)	100.00
95			JTG 3430—2020	公路土工试验规程(16828)	120.00
96			JTG 3431—2024	公路工程岩石试验规程(4702)	40.00
97			JTG 3432—2024	公路工程集料试验规程(4704)	100.00
98			JTG E50—2006	公路工程土工合成材料试验规程(13398)	40.00
99			JTG 3441—2024	公路工程无机结合料稳定材料试验规程(4703)	80.00
100			JTG 3450—2019	公路路基路面现场测试规程(15830)	90.00
101		检测	JTG/T 3512—2020	公路工程基桩检测技术规程(16482)	60.00
102			JTG/T 3520—2021	公路机电工程测试规程(17414)	60.00
103			JTG/T 4320—2022	公路车辆动态称重检测系统技术规范(18265)	30.00
104		施工	JTG/T 3610—2019	公路路基施工技术规范(15769)	80.00
105			JTG/T F20—2015	公路路面基层施工技术细则(12367)	45.00
106			JTG/T F30—2014	公路水泥混凝土路面施工技术细则(11244)	60.00
107			JTG F40—2004	公路沥青路面施工技术规范(05328)	50.00
108			JTG/T 3650—2020	公路桥涵施工技术规范(16434)	125.00
109			JTG/T 3650-01—2022	公路桥梁施工监控技术规程(18268)	40.00
110			JTG/T 3650-02—2019	特大跨径公路桥梁施工测量规范(15634)	80.00
111			JTG/T 3651—2022	公路钢结构桥梁制造和安装施工规范(17884)	80.00
112			JTG/T 3652—2022	跨海钢箱梁桥大节段施工技术规程(18075)	30.00
113			JTG/T 3654—2022	公路装配式混凝土桥梁施工技术规范(18231)	60.00
114			JTG/T 3660—2020	公路隧道施工技术规范(16488)	100.00
115			JTG/T 3671—2021	公路交通安全设施施工技术规范(17000)	50.00
116			JTG/T F72—2011	公路隧道交通工程与附属设施施工技术规范(09509)	35.00
117		监理	JTG G10—2016	公路工程施工监理规范(13275)	40.00
118		造价	JTG 3810—2017	公路工程建设项目造价文件管理导则(14473)	50.00
119			JTG/T 3811—2020	公路工程施工定额测定与编制规程(16083)	60.00
120			JTG/T 3812—2020	公路工程建设项目造价数据标准(16836)	100.00
121			JTG 3820—2018	公路工程建设项目投资估算编制办法(14362)	60.00
122			JTG/T 3821—2018	公路工程估算指标(14363)	120.00
123			JTG 3830—2018	公路工程建设项目概算预算编制办法(14364)	60.00
124			JTG/T 3831—2018	公路工程概算定额(14365)	270.00
125			JTG/T 3832—2018	公路工程预算定额(14366)	300.00
126			JTG/T 3832-01—2022	公路桥梁钢结构工程预算定额(18182)	40.00
127			JTG/T 3833—2018	公路工程机械台班费用定额(14367)	50.00
128	管理	执法	JTG 4110—2024	公路路政管理技术标准(4836)	60.00
129	养护	综合	JTG 5110—2023	公路养护技术标准(4639)	40.00
130			JTG 5120—2021	公路桥涵养护规范(17160)	60.00
131			JTG/T 5122—2021	公路缆索结构体系桥梁养护技术规范(17764)	60.00
132			JTG/T 5124—2022	公路跨海桥梁养护技术规范(18092)	50.00
133			JTG H12—2015	公路隧道养护技术规范(12062)	60.00
134			JTJ 073.1—2001	公路水泥混凝土路面养护技术规范(13658)	20.00
135			JTG 5142—2019	公路沥青路面养护技术规范(15612)	60.00
136			JTG/T 5142-01—2021	公路沥青路面预防养护技术规范(17578)	50.00
137			JTG 5150—2020	公路路基养护技术规范(16596)	40.00
138			JTG/T 5190—2019	农村公路养护技术规范(15430)	30.00
139		检测评价	JTG 5210—2018	公路技术状况评定标准(15202)	40.00
140			JTG 5211—2024	农村公路技术状况评定标准(4768)	50.00
141			JTG/T E61—2014	公路路面技术状况自动化检测规程(11830)	25.00
142			JTG/T H21—2011	公路桥梁技术状况评定标准(09324)	46.00
143			JTG/T J21—2011	公路桥梁承载能力检测评定规程(09480)	20.00
144			JTG/T J21-01—2015	公路桥梁荷载试验规程(12751)	40.00
145			JTG/T 5214—2022	在用公路桥梁现场检测技术规程(18168)	50.00
146			JTG 5220—2020	公路养护工程质量检验评定标准 第一册 土建工程(16795)	80.00
147		养护设计	JTG 5421—2018	公路沥青路面养护设计规范(15201)	40.00
148			JTG/T J22—2008	公路桥梁加固设计规范(07380)	52.00
149			JTG/T 5440—2018	公路隧道加固技术规范(15402)	70.00
150		养护施工	JTG/T F31—2014	公路水泥混凝土路面再生利用技术细则(11360)	30.00
151			JTG/T 5521—2019	公路沥青路面再生技术规范(15839)	60.00
152			JTG/T J23—2008	公路桥梁加固施工技术规范(07378)	40.00
153			JTG/T 5532—2023	公路桥梁支座和伸缩装置养护与更换技术规范(19038)	60.00
154		造价	JTG H30—2015	公路养护安全作业规程(12234)	90.00
155			JTG 5610—2020	公路养护预算编制导则(16733)	50.00
156			JTG/T M72-01—2017	公路隧道养护工程预算定额(14189)	60.00
157			JTG/T 5612—2020	公路桥梁养护工程预算定额(16855)	50.00
158			JTG/T 5640—2020	农村公路养护预算编制办法(16302)	70.00
159	运营	收费服务	JTG 6310—2022	收费公路联网收费技术标准(18175)	110.00
160			JTG/T 6303.1—2017	收费公路移动支付技术规范 第一册 停车移动支付(14380)	20.00
161			JTG B10-01—2014	公路电子不停车收费联网运营和服务规范(11566)	30.00
162		应急处置	JTG/T 6420—2024	公路交通应急装备物资储备中心技术规范(19437)	20.00